Elsebeth Gynther
Bjarne Solberg

Kinderkleider nähen

5–12 Jahre

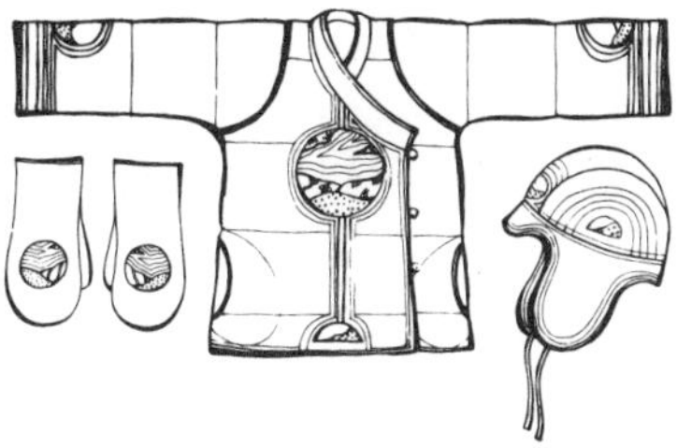

Mit Schnittmusterbogen
und reich illustrierten Nähanleitungen
für 40 Modelle

Otto Maier Verlag
Ravensburg

CIP-Kurztitelaufnahme der Deutschen Bibliothek

Gynther, Elsebeth:
Kinderkleider nähen/Elsebeth Gynther; Bjarne Solberg. –
Ravensburg: Maier

NE: Solberg, Bjarne:

5–12 Jahre: mit Schnittmusterbogen u. reich ill. Nähanleitungen
für 40 Modelle/[übers. von Bitten J. Stuhlmann-Laeisz]. – 1983.
ISBN 3-473-42331-9

Die dänische Originalausgabe erschien unter dem Titel
„Børnetøj du selv kan sy 5–12 år“ bei Borgens Forlag A/S

Übersetzt von Bitten J. Stuhlmann-Laeisz
Fotos: Per Nagel
Satz: E. Weishaupt, Meckenbeuren
Gesamtherstellung: Drexler Druck, Bäumenheim
Printed in Germany

86 85 84 83 4 3 2 1

ISBN 3-473-42331-9

Inhalt

Vorwort

Anhand dieses Buches können Sie so gut wie jedes Kleidungsstück nähen, das ein Kind zwischen 5 und 12 Jahren braucht. Das Buch ist eine Fortsetzung unseres Bandes „Kinderkleider nähen 1–4 Jahre“. Die beiden Bücher ergänzen sich in bezug auf Modelle und Inspiration, können jedoch völlig unabhängig voneinander benutzt werden.

Die Kleidungsstücke sind vom Schnitt her einfach, sitzen gut und lassen dem Kind trotzdem viel Bewegungsfreiheit. Sie sehen schön aus, egal ob Sie sie schlicht nähen oder mit Verzierungen versehen. Für alle Modelle gibt es Variationsvorschläge, die Sie anregen sollen, den Kleidungsstücken Ihre persönliche Note zu geben.

Aufgrund der ausführlichen Arbeitsanleitungen und der einfachen Schnitte hat selbst ein Anfänger leicht Zugang zu der Arbeit.

Die *Schnittmusterbogen* – es gibt sie in voller Größe – sind überschaubar und für die Größen 5, 7, 9 und 11 Jahre auf jeweils einer Bogenseite aufgezeichnet. Wenn es notwendig sein sollte, eine Größe zu verändern, gibt es hierfür Anleitung und Maßtabelle. Die Modelle sind nach demselben Grundschnitt entworfen und lassen sich daher leicht kombinieren und variieren. Es gibt alle Modelle in allen Größen.

Die *Arbeitsanleitungen* erklären bei jedem einzelnen Modell Punkt für Punkt den Arbeitsgang. Hinter jedem Modell wird der Schwierigkeitsgrad durch ☆, ☆☆, ☆☆☆ angegeben. Wenn Sie Anfänger in Sachen Nähen sind, empfiehlt es sich, mit ☆ anzufangen.

Unter *Nähtechnik* sind die verschiedenen Arten der Ziersteppererei und der Verzierung beschrieben. Wir wollen Sie anregen, selber Ideen zu entwickeln, wie Sie Ihr Kleidungsstück lustig und interessant gestalten können. Außerdem werden die verschiedenen im Buch verwendeten Techniken, wie z. B. Reißverschlüsse einnähen, Taschen und Kragen nähen sowie die Stoffwahl, Zuschneiden etc., beschrieben.

Das *Stichwortverzeichnis* am Schluß des Buches erklärt die verwendeten Fachausdrücke bzw. verweist auf die Seiten, auf denen Sie die genauen Erläuterungen finden. Diese Ausdrücke sind im Text mit * markiert.

Wir hoffen, daß das Buch Sie inspirieren wird, mit dem Nähen anzufangen oder weiterzumachen.

Elsebeth Gynther
Bjarne Solberg

Hemd ☆☆

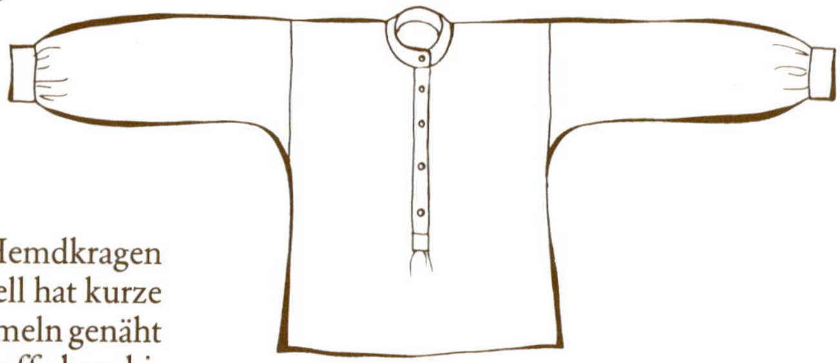

· Variation / siehe Foto S. 36 ·

Das Hemd wird vorne geknüpft, hat einen Hemdkragen und im Rücken eine Kellerfalte. Dieses Modell hat kurze Ärmel, es kann aber ebensogut mit langen Ärmeln genäht werden. Sie können mehrere verschiedene Stoffe kombinieren, eventuell die Falte weglassen, das Hemd mit Passe* oder Stehkragen* nähen.

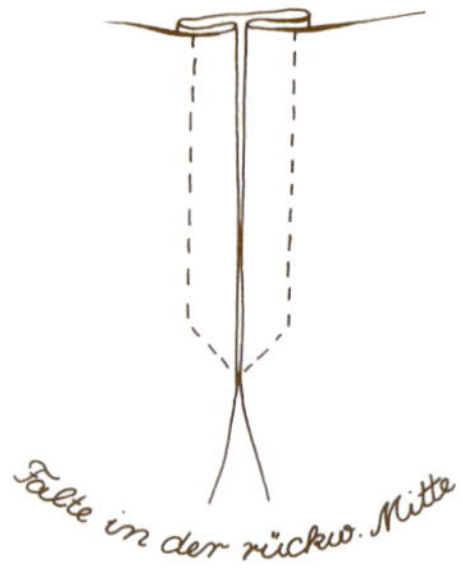

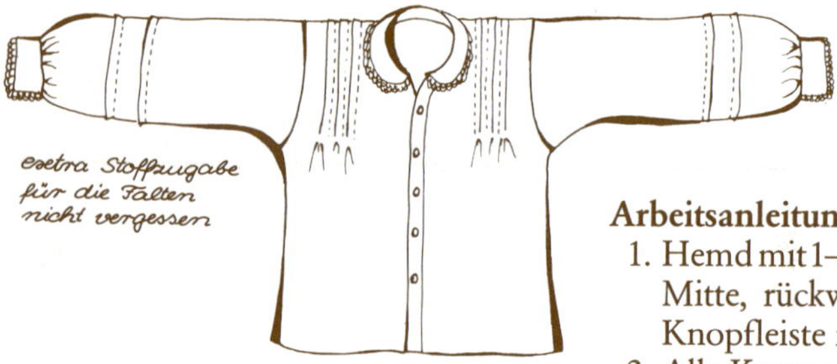

· Variation ·

a · Blusengrundschnitt · 90 cm br.

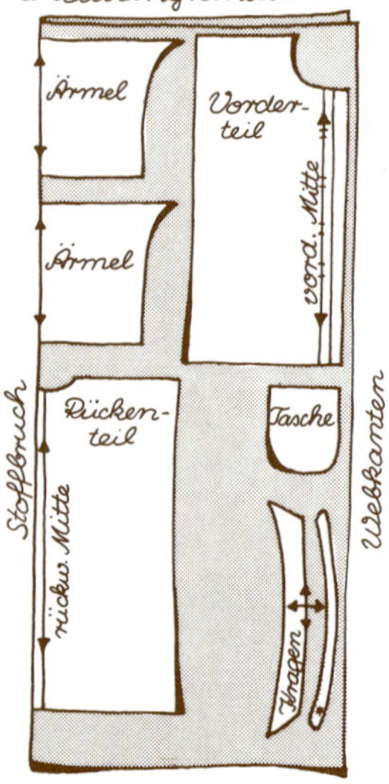

↕ Fadenlauf
* Steg

Arbeitsanleitung

1. Hemd mit 1–2 cm Nahtzugabe* zuschneiden. Vordere Mitte, rückwärtige Mitte und die Faltlinie für die Knopfleiste markieren*.
2. Alle Kanten versäubern*.
3. Kellerfalte im Rücken nähen: Das Rückenteil rechts auf rechts falten und parallel zur Mittellinie, Abstand 2 cm, 10 cm weit nach unten nähen. Es bildet sich auf der linken Seite ein Schlauch. Legen Sie den Schlauch so zusammen, daß die Mittellinie genau auf der Naht liegt. Falte wie auf der Zeichnung ersichtlich von links steppen.
4. Schulternähte rechts auf rechts schließen und Nahtzugabe feststeppen*.
5. Ärmel rechts auf rechts annähen. Mitte des Ärmels auf die Schulternaht legen. Nahtzugabe feststeppen.
6. Ärmel-/Seitennähte* schließen.
7. Knopfleiste: Die Vorderkante, in die die Knopflöcher gearbeitet werden, entlang der Faltlinie nach rechts einschlagen. Nahtzugabe einschlagen. An beiden Seiten feststeppen. Die andere Vorderkante, an die die Knöpfe genäht werden, auf dieselbe Weise nach links einschlagen.
8. Hemdkragen* annähen.

Stoffverbrauch	5 Jahre	7 Jahre	9 Jahre	11 Jahre
90 cm br.	100 cm	110 cm	140 cm	160 cm
140 cm br.	65 cm	75 cm	80 cm	85 cm

+ 6–8 Knöpfe

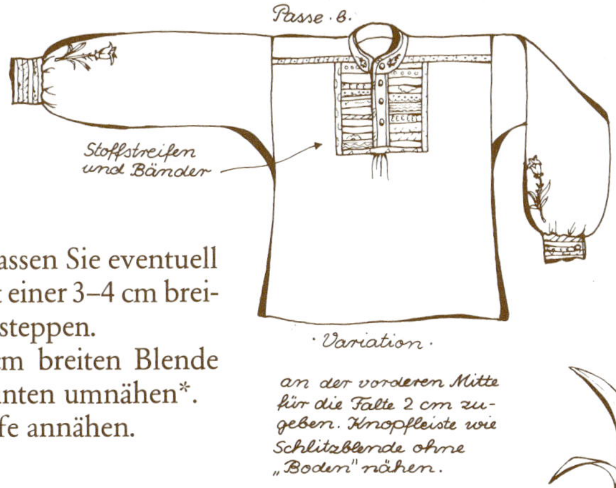

9. Aufgesetzte Taschen* aufnähen. Fassen Sie eventuell die oberen Kanten der Taschen mit einer 3–4 cm breiten Blende* ein. Knappkantig* absteppen.
10. Ärmel eventuell mit einer 2–3 cm breiten Blende (siehe Punkt 9) einfassen. Hemd unten umnähen*.
11. Knopflöcher* arbeiten und Knöpfe annähen.

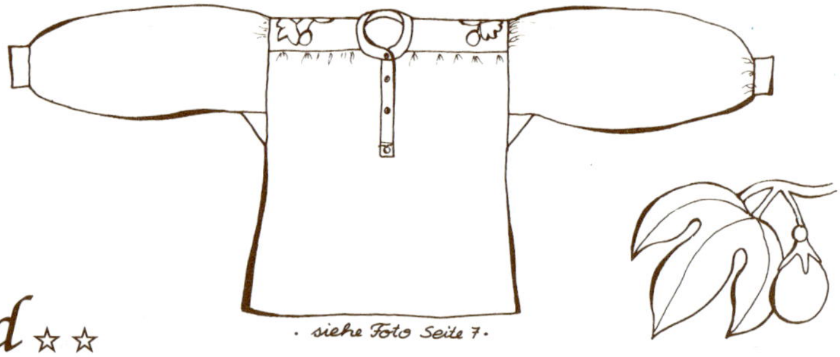

· siehe Foto Seite 7 ·

Bauernhemd ☆☆

Das Hemd hat denselben Schnitt wie die alten dänischen Bauernhemden. Vorderteil, Rückenteil und Ärmel sind an der Schulterpasse leicht gekraust. Das Hemd hat einen Keil unter dem Arm, Schlitzblende, Manschetten und Stehkragen. Auf dem Modell ist die Passe mit Maschinenstickerei verziert.

Schlitzverzierung

Variation · Nachthemd

b. Blusengrundschnitt · 140 cm br.

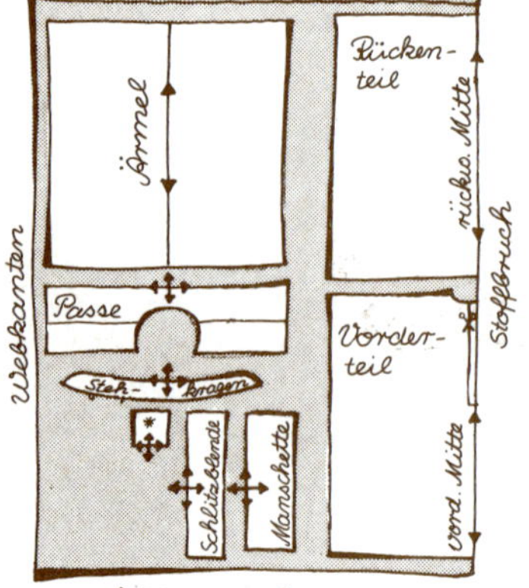

↕ Fadenlauf
* Keil

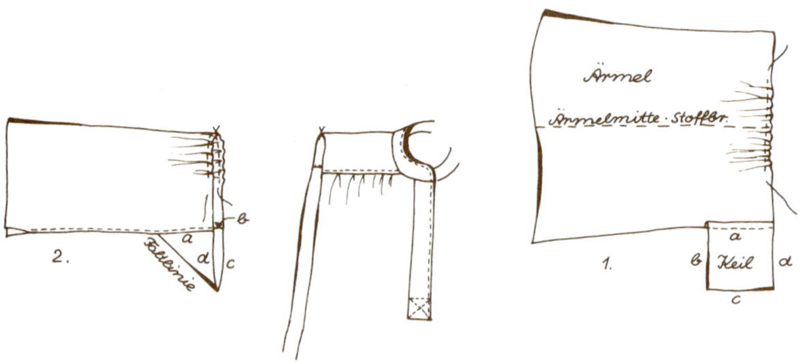

Arbeitsanleitung

1. Hemd mit 1 cm Nahtzugabe* für die Halskante und den Stehkragen, 3 cm für unten und 1–2 cm für die übrigen Kanten zuschneiden. Manschetten* zuschneiden, fertige Breite 4 cm. Schlitzblende* zuschneiden, fertige Maße 16–17–18–19 cm x 3 cm. Keil zuschneiden, 5 x 5 cm + Nahtzugabe. Rückwärtige Mitte der Passe und des Rükkenteils markieren*. Schulter auf der Passe und auf den Ärmeln markieren.
2. Alle Kanten versäubern*.
3. Schlitzblende* nähen.
4. An den oberen Kanten des Vorder- und des Rückenteils Kräuselfaden* einnähen. Zusammenziehen auf die Breite der Passe und die entstandenen Fältchen gleichmäßig verteilen.
5. Die äußere Passe rechts auf rechts auf das Rückenteil und die innere Passe rechts auf links auf das Rückenteil legen. An der rückwärtigen Mitte und an den Seiten feststecken. Die drei Lagen zusammensteppen. Passen so nach oben umlegen, daß die Nahtzugabe verdeckt ist. Knappkantig* absteppen. Das Vorderteil und die Vorderkanten der äußeren Passe rechts auf rechts aufeinanderlegen, zusammennähen. Nahtzugabe nach oben umlegen und die Naht bügeln. Nahtzugabe der inneren Passe einschlagen und so heften*, daß die Naht verdeckt ist. Von rechts mit der Maschine feststeppen oder von Hand von links mit Schlingstichen* annähen.
6. Stehkragen wie einen normal gewendeten Stehkragen* annähen.
7. Eventuell Applikation*, Stickerei oder andere Verzierung aufarbeiten.
8. An der oberen Kante der Ärmel Kräuselfaden* auf den mittleren 18 cm einnähen, zusammenziehen und die entstandenen Fältchen gleichmäßig verteilen.
9. Nähen Sie die Seite a des Keils rechts auf rechts an den Ärmel. Eventuell Naht zum Keil hin feststeppen (Zeichnung 1). Seite b ebenfalls rechts auf rechts an die andere Seite des Ärmels nähen. Naht fortsetzen und dabei die Ärmelnaht schließen; die letzten 6 cm für den Schlitz* offenlassen (Zeichnung 2). Die Mitte des Ärmels rechts auf rechts so auf die Mitte der Schulter legen, daß der Ärmel im Oberteil steckt; feststecken. Von der unteren Ecke des Keils am Vorderteil und rundum im Ärmel bis zur anderen Seite des Keils die Teile zusammennähen. Die Seitennähte des Vorder- und Rückenteils schließen. Eventuell Nahtzugabe feststeppen*.
10. Kräuselfaden unten am Ärmel einnähen und Manschette* annähen.
11. Hemd unten umnähen*.

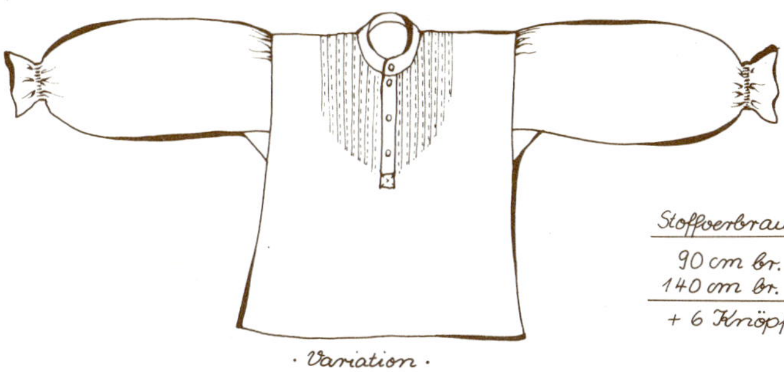

· Variation ·

Stoffverbrauch	5 Jahre	7 Jahre	9 Jahre	11 Jahre
90 cm br.	125 cm	140 cm	150 cm	160 cm
140 cm br.	85 cm	100 cm	110 cm	120 cm

+ 6 Knöpfe

Chinesenhemd ☆☆☆

Das Hemd hat vorne einen schrägen Verschluß mit Applikationen auf der Blende. Dies verleiht ihm eine „chinesische Note". Wenn Sie das Hemd aus einem gemusterten Stoff nähen, können Sie die Blende auch innen* annähen. Der Schnitt eignet sich auch für einen Sommeranorak. Dann sollten Sie aber eine festere Stoffqualität wählen. Geben Sie eventuell ein wenig Weite hinzu (siehe S. 85), damit ausreichend Platz für einen Pullover vorhanden ist.

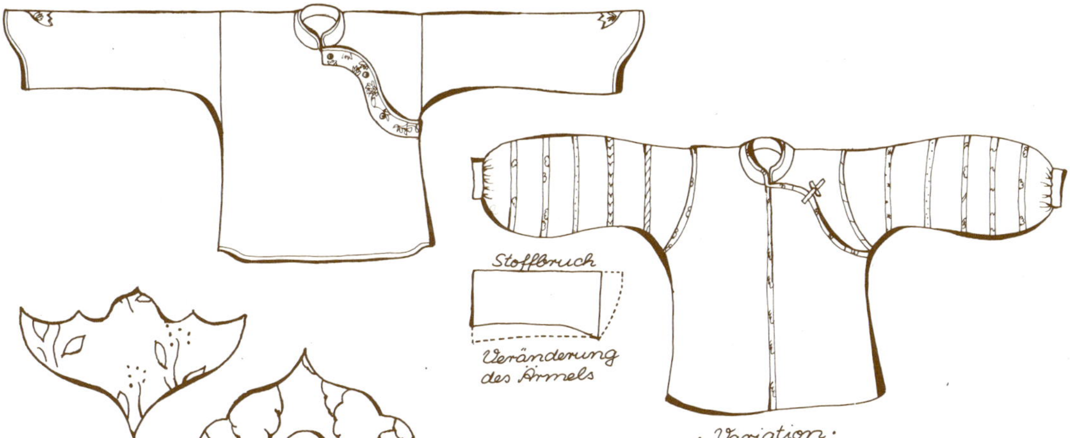

· Variation ·

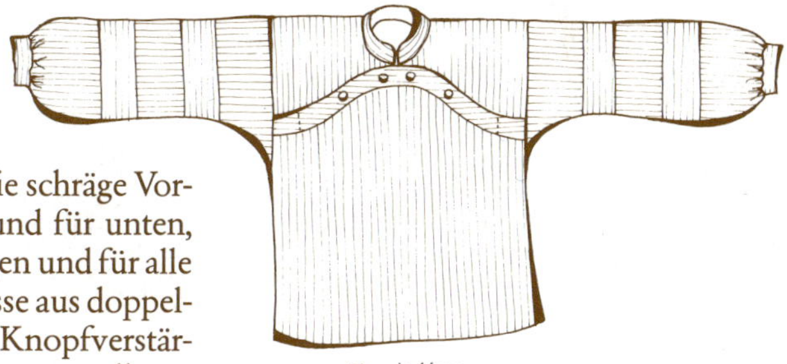

· Variation ·

Arbeitsanleitung

1. Hemd mit ca. $1/2$ cm Nahtzugabe* für die schräge Vorderkante, die untere Kante der Ärmel und für unten, 1 cm für die Halskante und den Stehkragen und für alle übrigen Kanten 1–2 cm zuschneiden. Passe aus doppeltem Stoff zuschneiden. Blenden für die Knopfverstärkung zuschneiden, die äußere Blende eventuell aus einem anderen Stoff.
2. Die innere Blende mit Zickzack-Stichen* versäubern* und als Knopfverstärkung rechts auf rechts an der schrägen Kante des kleinen Vorderteils annähen. Wenden und knappkantig* absteppen. Im Rücken 2 cm zu einer Kellerfalte* umlegen, die Passe feststecken und annähen (siehe *Bauernhemd*, S. 8, Punkt 5).
3. Die äußere Blende eventuell als Applikation* auf das Vorderteil nähen. Passe und Ärmel können ebenfalls mit Applikationen versehen werden.
4. Den mit Schrägband eingefaßten Stehkragen* annähen. Die schräge Vorderkante und den Stehkragen eventuell mit Schrägband* in zwei verschiedenen Farben einfassen. Knopflöcher* arbeiten und Knöpfe annähen.
5. Ärmel einnähen (siehe *Hemd*, S. 6, Punkt 5).
6. Ärmel-/Seitennähte* versäubern und schließen.
7. Untere Kante und Ärmel wie die schräge Vorderkante einfassen.

Stoffverbrauch	5 Jahre	7 Jahre	9 Jahre	11 Jahre
90 cm br.	130 cm	150 cm	160 cm	230 cm
140 cm br.	100 cm	110 cm	120 cm	130 cm

+ 275 cm Schrägband + 5 Knöpfe

c. Blusengrundschnitt · 140 cm br.

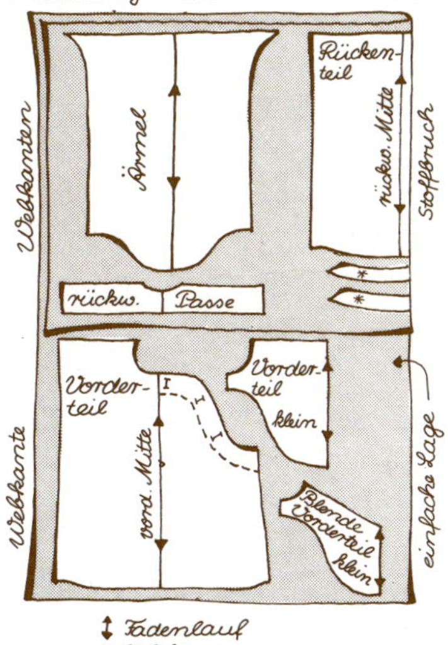

↕ Fadenlauf
* Stehkragen

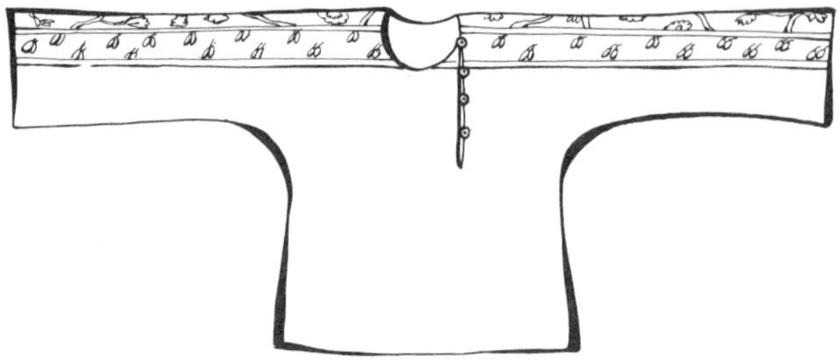

· siehe Foto Seite 28 ·

Einfache Blusen ☆

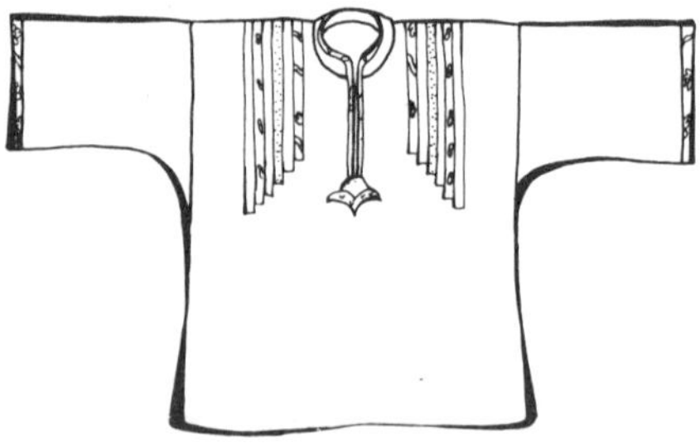

· Siehe Foto Seite 36 ·

Die Blusen sind nach einem einfachen Grundschnitt genäht. Sie können sie an einem Stück zuschneiden, so daß Sie nur die Ärmel-/Seitennähte schließen müssen. Sie können aber auch Vorderteil, Rückenteil und Ärmel getrennt zuschneiden. Unter den verschiedenen Ärmelschnitten können Sie dann denjenigen aussuchen, der Ihnen am besten gefällt.

Die eine Bluse hat einen Stehkragen und ist mit schmalen Bändern und Stoffstreifen auf den Schultern des Vorder- und Rückenteils verziert. Die andere ist mit langen Stoffstreifen und Schrägbändern auf Schultern und Ärmeln verziert, die Halsöffnung ist seitlich versetzt.

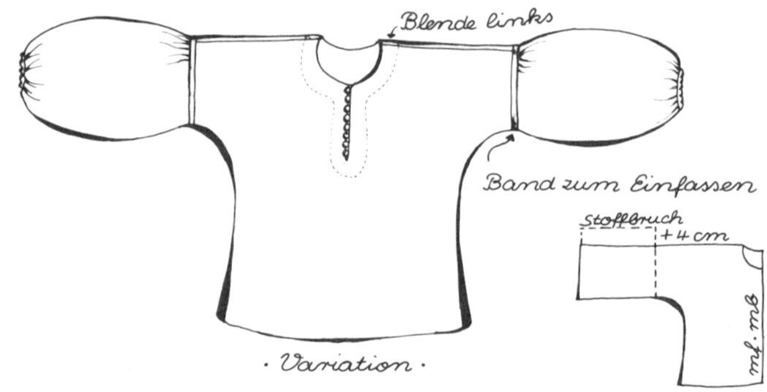

· Variation ·

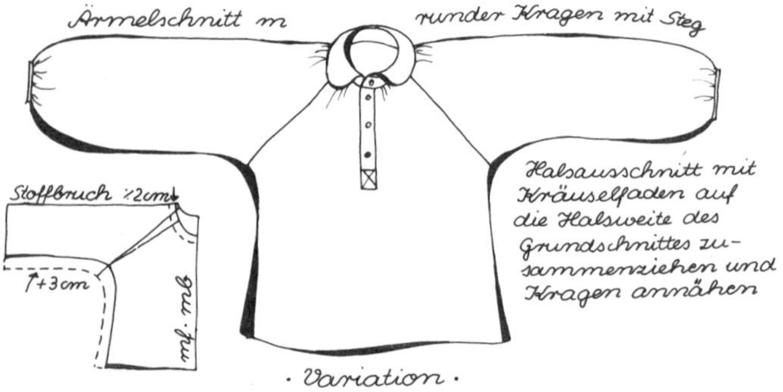

· Variation ·

· Variation ·

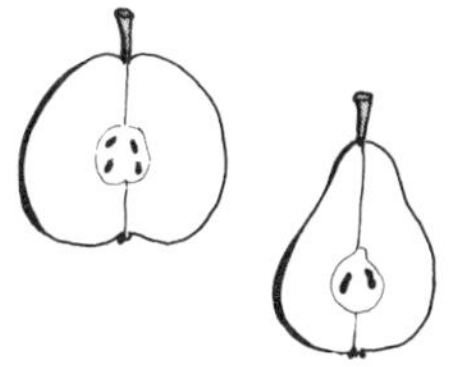

Arbeitsanleitung

1. Bluse mit 1 cm Nahtzugabe* für die Halskante und den Stehkragen und 1–2 cm für alle übrigen Kanten zuschneiden.
2. Alle Kanten versäubern*.
3. Eventuelle Schulternähte rechts auf rechts schließen und Nahtzugaben auseinanderbügeln. Wenn Sie die Ärmel extra zugeschnitten haben, einnähen wie beim *Hemd* auf S. 6, Punkt 5, beschrieben.
4. Schlitz an der vorderen Mitte oder seitlich versetzt einschneiden. Falls Sie eine Blende* annähen wollen, noch nicht einschneiden. Eventuell Stehkragen* oder Kragen* annähen. Wenn Sie die Bluse mit Schrägband* einfassen wollen, entweder einmal rundum einfassen oder am Anfang des Schlitzes beginnen und um den Halsausschnitt wieder zurück zum Anfangspunkt mit Schrägband einfassen. Anschließend am Schlitzende eine Applikation anbringen. Sie können auch zur Verstärkung eine Blende* anbringen.
5. Ärmel-/Seitennähte* schließen.
6. Unten umnähen*. Ärmel einfassen oder umnähen.

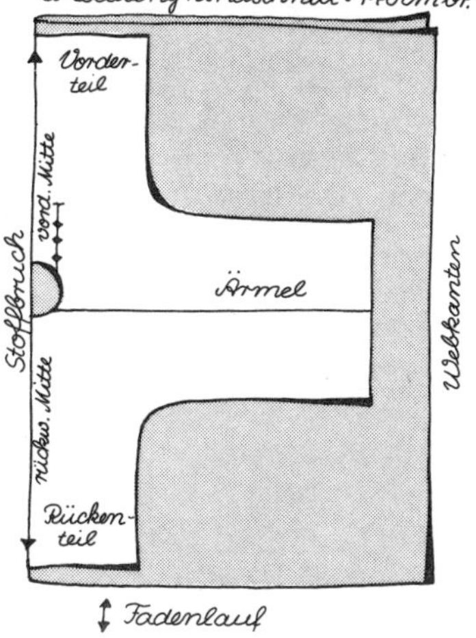

Stoffverbrauch	5 Jahre	7 Jahre	9 Jahre	11 Jahre
90 cm br.	100 cm	105 cm	160 cm	230 cm
140 cm br.	100 cm	105 cm	115 cm	125 cm

Rock mit Gummizug ☆

Der Rock hat einen Gummizug in der Taille und ist aus drei Bahnen Stoff, die gezogen und aneinandergenäht werden, gearbeitet. Sie können ihn aus drei verschiedenen Stoffen nähen oder mit Bändern oder Spitzen verzieren. Fertigen Sie sich zuerst eine Zeichnung im Maßstab 1:10 an (siehe *Auflegen des Schnittmusters auf den Stoff*), um zu sehen, wie Sie den Stoff am besten nutzen können. Sie können so auch gleich ausprobieren, wie Sie zu viele Nähte vermeiden können. Einige Bahnen müssen Sie aber zusammennähen, weil die Breite des Stoffes hier nicht immer ausreicht. Teilen Sie dann die Bahnen möglichst in der Mitte, so daß die Nähte an den Seiten verlaufen.

· Variation ·
in ganzer Länge und in der Breite der mittleren Bahn zuschneiden.

Stoffverbrauch	5 Jahre	7 Jahre	9 Jahre	11 Jahre
90 cm br.	100 cm	110 cm	150 cm	185 cm
140 cm br.	80 cm	85 cm	110 cm	115 cm

+ Gummifaden

Zuschneideplan • 7 Jahre • 140 cm br.

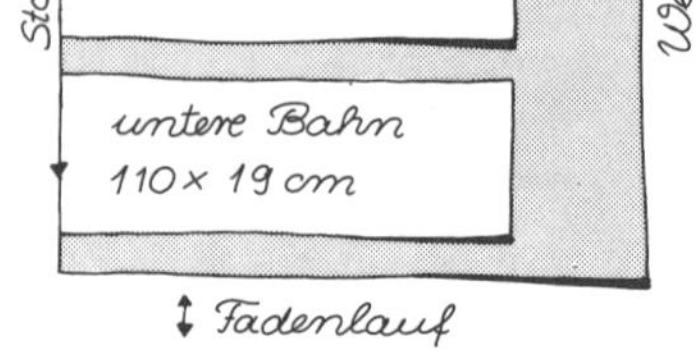

Arbeitsanleitung

1. Drei Bahnen mit 1 cm Nahtzugabe* zuschneiden. An der unteren Bahn 3 cm für den Saum berechnen.
2. Alle Kanten versäubern* und die drei Bahnen – jede für sich – zusammennähen.
3. Die Bahnen in vier gleich große Teile aufteilen und an allen Kanten markieren* (außer ganz oben und ganz unten). Kräuselfaden* an der oberen Kante der mittleren und unteren Bahn einnähen und auf die Weite der oberen bzw. der mittleren Bahn zusammenziehen. Kräusel gleichmäßig verteilen; die Bahnen müssen an den Markierungen zusammenpassen. Feststecken und zusammennähen. Eventuell Nahtzugabe feststeppen*.
4. Für den Gummizug in der Taille die obere Bahn 3 cm + Nahtzugabe nach links einschlagen und 7–8 elastische Nähte*, Abstand ca. 1/2 cm, durch beide Stofflagen nähen.
5. Rock umnähen*.

Maße in cm:	5 Jahre	7 Jahre	9 Jahre	11 Jahre
obere Bahn	85 × 15	90 × 16	95 × 17	100 × 18
mittl. Bahn	125 × 13	135 × 14	145 × 15	155 × 16
untere Bahn	200 × 17	220 × 19	240 × 21	260 × 23
volle Länge	42 cm	46 cm	50 cm	54 cm

Rock ☆☆

Der Rock ist in der Taille leicht gezogen, hat eingesetzte Taschen und einen Bund. Sie können ihn mit Falten*, Bändern* oder Applikationen* verzieren. Nähen Sie ihn z. B. aus Baumwollstoff, dünnem Cord oder Kleidervelour. Er bedeckt gerade das Knie, läßt sich aber leicht verlängern oder kürzen.

· Variation ·

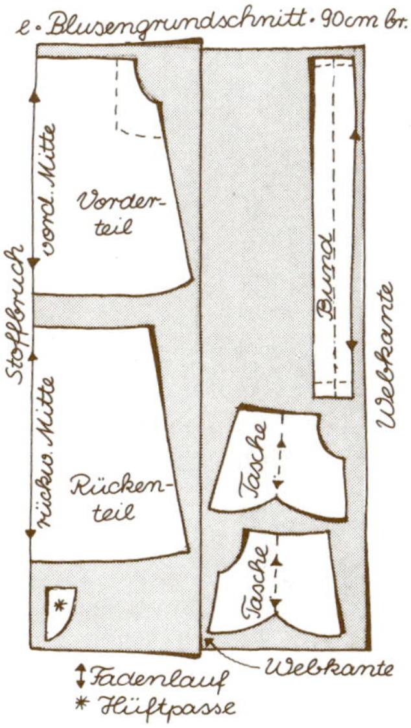

Arbeitsanleitung

1. Rock mit 1 cm Nahtzugabe* für die Taille, die Taschenöffnungen und die oberen und unteren Kanten des Taschenbeutels, 1–2 cm für die Seiten und 3 cm für unten zuschneiden. Bund* zuschneiden, fertige Breite 3 1/2 cm. Vordere Mitte, rückwärtige Mitte und Seiten des Rockes und des Bundes markieren*.
2. Seiten versäubern*.
3. Eingesetzte Taschen* nähen.
4. Eventuell Applikationen* aufnähen.
5. Seitennähte schließen. Auf einer Seite unten 8 cm für einen Schlitz offenlassen. Nahtzugabe auseinanderlegen und entlang der Öffnung des Schlitzes feststeppen. Eventuell Reißverschluß* einnähen.
6. Kräuselfaden* in der Taille einnähen und auf die Weite des Bundes zusammenziehen oder Falten nähen. Bund annähen.
7. Bänder aufnähen.
8. Rock umnähen*, im Bund Knopfloch* arbeiten und Knopf annähen.

Stoffverbrauch	5 Jahre	7 Jahre	9 Jahre	11 Jahre
90 cm br.	90 cm	110 cm	120 cm	130 cm
140 cm br.	45 cm	70 cm	75 cm	80 cm

Kleid ☆☆

Das Kleid hat eine leicht nach oben versetzte Taille, Knöpfe im Rückenteil und Applikationen* auf dem vorderen Mittelteil. Das Mittelteil können Sie auch aus Patchwork arbeiten, mit Handstickerei, Spitzen, Biesen* oder Smok* versehen. Das Modell läßt sich leicht für einen Trägerrock verwenden. Sie müssen es nur ohne Ärmel zuschneiden (*ff* auf dem Schnittmusterbogen). Sie können auf dem Schnittmusterbogen auch die Taille bis zur tatsächlichen Taillenlinie versetzen. Wenn das Kleid in der Taille eng anliegen soll, nähen Sie an jeder Seite oder in den Seitennähten des Mittelteils ein breites Bändchen* an. Dieses kann dann im Rücken entweder geknöpft oder gebunden werden.

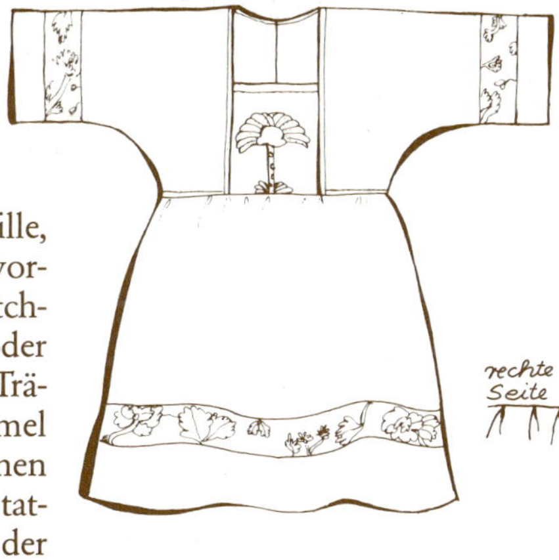

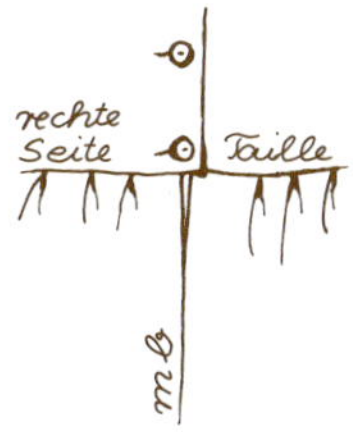

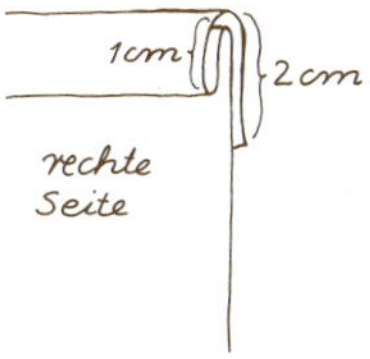

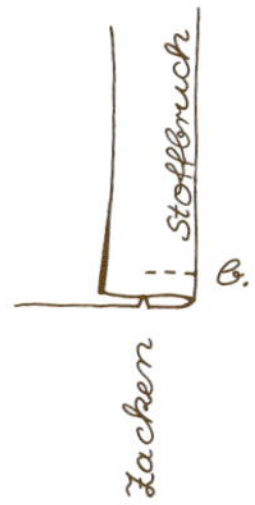

· Variation ·

f · Blusengrundschnitt · 140 cm br.

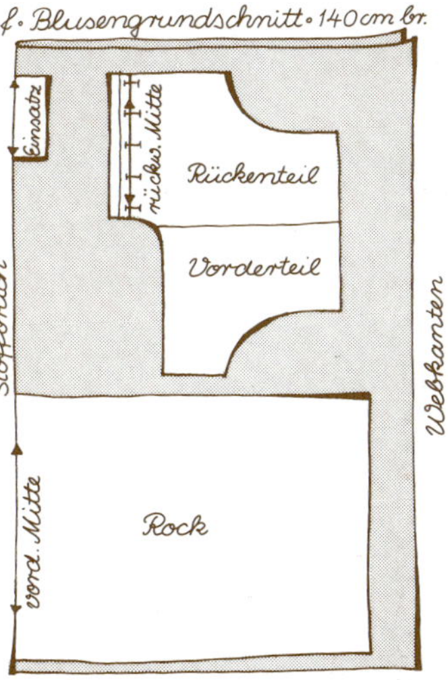

↕ Fadenlauf

Arbeitsanleitung

1. Kleid mit 1/2 cm Nahtzugabe* für den Nacken und die beiden Vorderkanten, 4 cm für die obere Kante des Mittelteils und 1–2 cm für alle übrigen Kanten zuschneiden. Knopfleiste an der rückwärtigen Mitte markieren*. Maße des Rockteils bei 5 Jahren 112 x 41 cm, bei 7 Jahren 118 x 46 cm, bei 9 Jahren 124 x 52 cm und bei 11 Jahren 130 x 59 cm – ohne Nahtzugaben.
2. Alle Kanten versäubern*.
3. Schulternähte schließen, Nahtzugabe auseinanderbügeln. Eventuell Stoffstreifen oder Band zur Verzierung* auf die Ärmel nähen.
4. Entlang der Faltlinie der Rückenteile Kante für Knopfleiste einschlagen und feststecken*.

Stoffverbrauch	5 Jahre	7 Jahre	9 Jahre	11 Jahre
90 cm br.	150 cm	170 cm	180 cm	200 cm
140 cm br.	100 cm	115 cm	125 cm	135 cm

+ 1 m Schrägband + 4 Knöpfe
Variante ff · ÷ 30 cm Stoff + 2 m Schrägband

5. Eventuell Verzierung auf das Mittelteil nähen. Auf dem Foto sehen Sie eine erhabene Applikation*. An der oberen Kante des Mittelteils 4 cm so einschlagen, daß eine 1 cm breite Kante entsteht (Zeichnung a). Von rechts feststeppen.
6. Die Nackenkante und die Vorderkanten mit Schrägband* einfassen. Das Mittelteil unter die Vorderkanten legen und in der Naht des Schrägbandes feststeppen.
7. Ärmel-/Seitennähte* schließen.
8. Eventuell Bänder oder Stoffstreifen auf dem Rock aufnähen. Messen Sie die benötigte Länge sorgfältig ab, damit die Bänder an der rückwärtigen Naht genau aufeinandertreffen. Rückwärtige Mitte zusammennähen. Oben 5 cm für den Schlitz offenlassen. An der oberen Kante des Rockes vordere Mitte, rückwärtige Mitte und die Seiten markieren. Kräuselfaden* einnähen und gleichmäßig zusammenziehen. Die vier Teile müssen gleich groß sein und zusammen der Weite des Oberteils entsprechen.
9. Die Knopfleiste des Oberteils rechts auf rechts falten und unten 1 cm waagerecht zusammennähen. Senkrechten Zacken in die Nahtzugabe der Außenseite schneiden (Zeichnung b). Rock und Oberteil rechts auf rechts an den vier Markierungen (vordere Mitte, rückwärtige Mitte und Seiten) feststecken und zusammennähen. Nahtzugabe am Oberteil feststeppen, dabei das Mittelteil freilassen. Das letzte kleine Stück der Knopfleiste mit Schlingstichen* an der Nahtzugabe festnähen.
10. An der rückwärtigen Mitte Knopflöcher* arbeiten und Knöpfe annähen. Achten Sie darauf, daß die Kanten des Schlitzes in der rückwärtigen Mitte aneinanderstoßen.
11. Kleid unten und an den Ärmeln umnähen*.

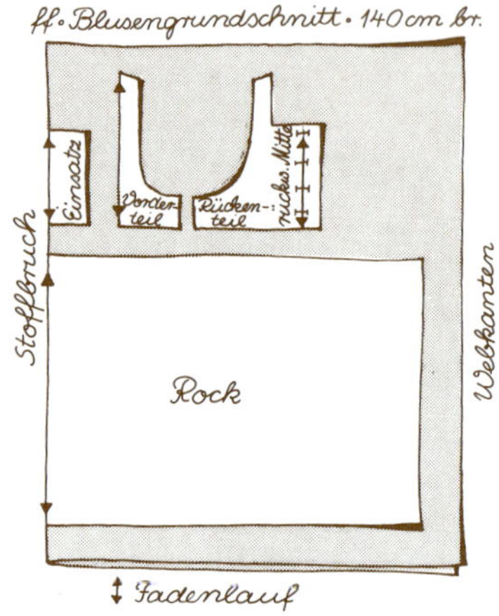

· Trägerrock · ff

Tunika ☆☆

Das Kleid hat einen schrägen Verschluß mit Bändchen*, hohe Schlitze und Taschen in den Seitennähten. Es ist mit schmalen Samtbändern verziert. Diese Tunika eignet sich als leichtes Sommerkleid, trägt sich aber auch gut über Hosen, eventuell mit einem Gürtel. Statt Samtbändern können Sie als Verzierung* auch ein gefaltetes Schrägband, Litzen oder sonstige Bänder nehmen.

Arbeitsanleitung

1. Kleid mit 1/2 cm Nahtzugabe* für die Halskante, die Ärmel, für unten und für die Schlitze und 1–2 cm für alle anderen Kanten zuschneiden. Gerade Blenden* 1 1/2 cm breit (ohne Nahtzugabe) für den seitlichen Verschluß und die Ärmel zuschneiden. Für den Halsausschnitt und für die untere Kante/Schlitz gebogene Blenden zuschneiden.

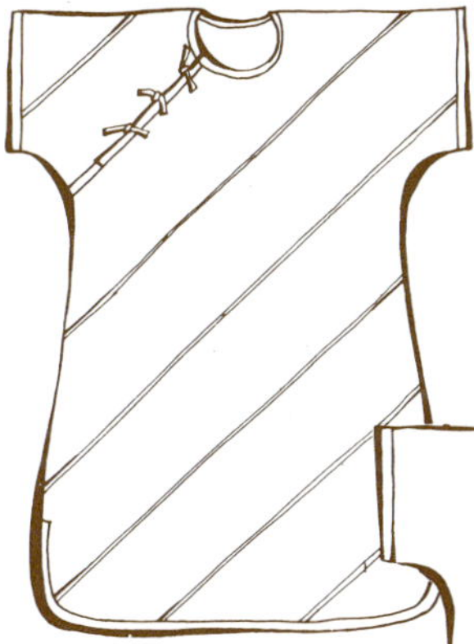

• siehe Foto Seite 16 •

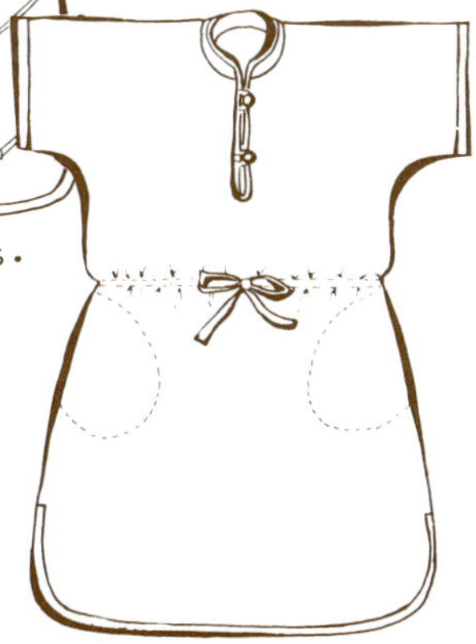

• Variation •

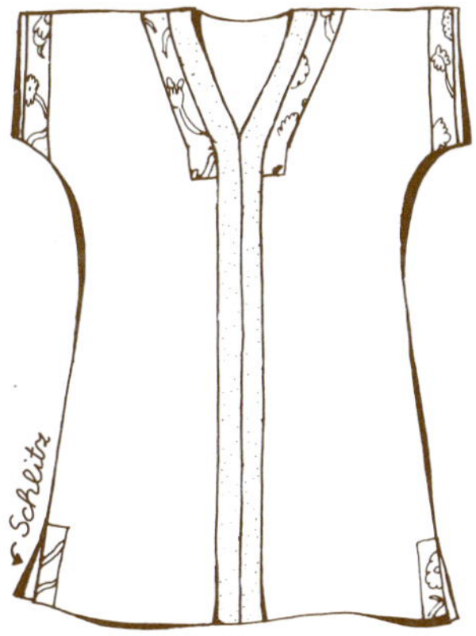

• Variation •

2. Seiten und Schultern versäubern*.
3. Blende versäubern und rechts auf rechts an das kleine Vorderteil nähen. Blende nach links wenden und knappkantig* absteppen. Rechte Seite der Blende auf die linke Seite des großen Vorderteils nähen, Blende nach rechts wenden, einschlagen, feststeppen und knappkantig absteppen.
4. Wenn Sie das Kleid mit Bändern verzieren wollen, zeichnen Sie mit Kreide die Linien vor (vom schrägen Verschluß aus messen). Der Abstand zwischen den Bändern beträgt 11 cm, die Bänder sind 1 1/2 cm breit. Übertragen Sie die Linien auf das Rückenteil (siehe S. 114). Bänder an beiden Seiten mit kleinen Zickzack-Stichen festnähen.
5. Schulternähte schließen und Nahtzugabe feststeppen*.
6. Das große Vorderteil 1 1/2 cm über das kleine legen. Überprüfen Sie, ob Vorder- und Rückenteil zusammenpassen. Vorderteile – vom Armloch aus – 6 1/2 cm an beiden Kanten des schrägen Verschlusses zusammennähen.
7. Ärmel-/Seitennähte* schließen und *Taschen in der Seitennaht** nähen.
8. Unten Blende rechts auf rechts annähen, nach rechts wenden, einschlagen, feststeppen, knappkantig absteppen. Blende an Halsausschnitt und Ärmel nähen.
9. Bändchen* oder sonstigen Verschluß an die schräge Kante nähen.

Stoffverbrauch	5 Jahre	7 Jahre	9 Jahre	11 Jahre
90 cm br.	140 cm	150 cm	210 cm	230 cm
140 cm br.	85 cm	95 cm	105 cm	115 cm

9 • Blusengrundschnitt • 140 cm br.

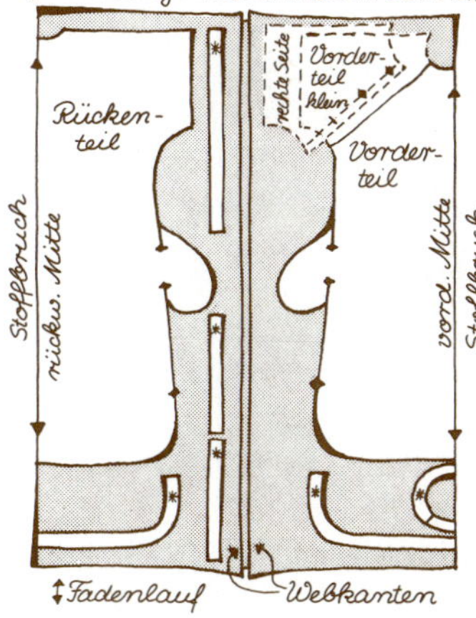

* Blenden
---- kl. Vorderteil aus einfachem Stoff zuschneiden
„rechte Seite" kl. Vorderteil mit Untertritt zuschneiden

Kleid mit schrägem Verschluß ☆☆

Das Kleid hat einen schrägen Verschluß, einen sehr dekorativen Kragen und wird mit Bändchen geschlossen. Sie können auch Holz- oder Knotenknöpfe und Schlaufen als Verschluß verwenden. Das innere Vorderteil reicht nur bis zur Mitte; die Ärmel sind $^3/_4$lang. Sie können die Ärmel aber auch verlängern und mit einem Aufschlag versehen. Wenn Sie das Kleid aus einem festen Baumwollstoff nähen, können Sie es (eventuell auch mit Gürtel) als Oberbekleidung für den Frühling und Herbst verwenden.

· Variation ·

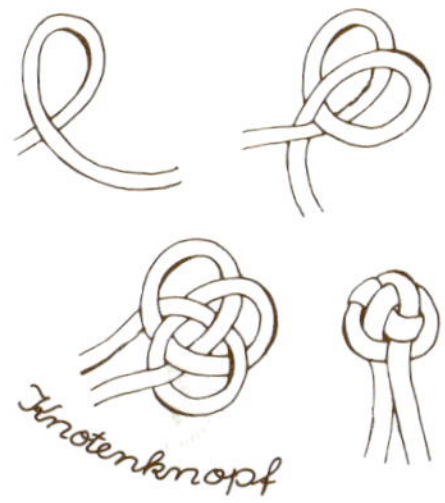

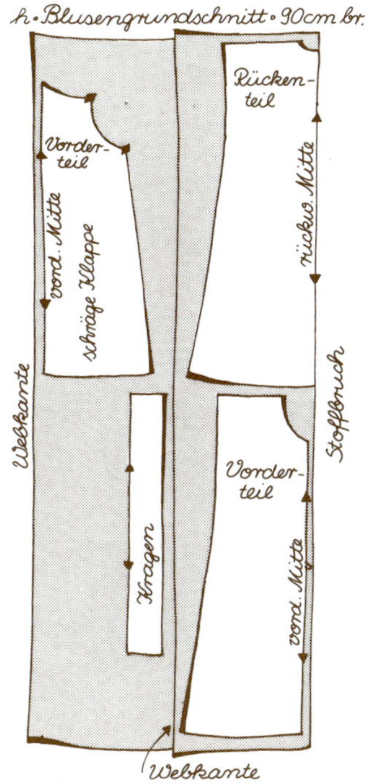

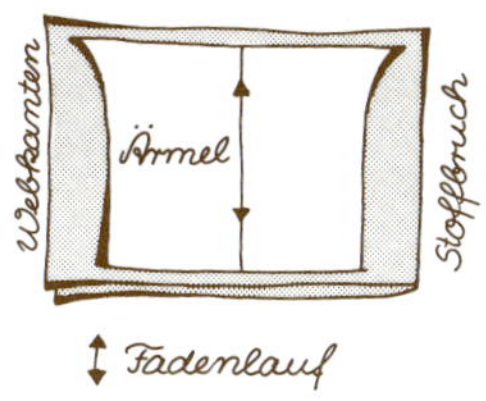

Arbeitsanleitung

1. Kleid mit ½ cm Nahtzugabe* für die Vorderkante der schrägen Klappe, für unten und für die untere Kante der Ärmel und 1–2 cm für alle anderen Kanten zuschneiden. Kragen 7 cm breit und für Größe 5 Jahre 76 cm, 7 Jahre 80 cm, 9 Jahre 86 cm und 11 Jahre 92 cm lang (ohne Nahtzugabe) zuschneiden.
2. Alle Kanten (außer den Außenkanten) versäubern*. Schulternähte schließen und Nahtzugaben auseinanderbügeln.
3. Ärmel einnähen, wie beim *Hemd* (siehe S. 6) unter Punkt 5 beschrieben.
4. Die schräge Klappe annähen und Ärmel-/Seitennähte* (rechts auf rechts) schließen.
5. Von Halskante zu Halskante so mit Schrägband* einfassen, daß das Band von rechts nicht sichtbar ist. Rundum knappkantig* absteppen. Ärmel auf dieselbe Weise einfassen.
6. Kragen wie einen *normal gewendeten Stehkragen** annähen. Bändchen an die schräge Klappe und an das innere Vorderteil nähen. Druckknopf oben an der vorderen Mitte annähen, damit der Kragen nicht verrutscht.

Stoffverbrauch	5 Jahre	7 Jahre	9 Jahre	11 Jahre
90cm br.	170cm	190cm	210cm	270cm
140cm br.	140cm	145cm	160cm	190cm

+ 4 m Schrägband

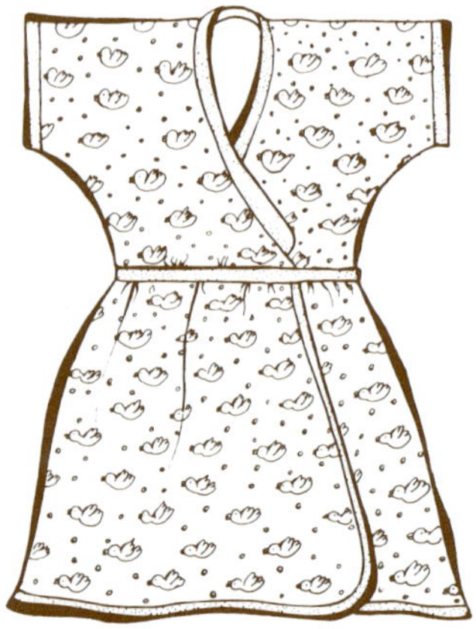

• siehe Foto Seite 20 •

Wickelkleid ☆☆☆

Das Kleid wird mit einem Bindegürtel in der Taille geschlossen. Es ist am Bund leicht gekraust und hat in der Seitennaht Taschen. Verwenden Sie eventuell einen farblich abweichenden Stoff für die Kanten, Bindegürtel und Bund, um den Schnitt des Kleides hervorzuheben. Das Kleid sieht sehr niedlich zu langen Hosen aus, besonders wenn man noch einen Rollkragenpulli darunter trägt.

i • Blusengrundschnitt • 90 cm br.

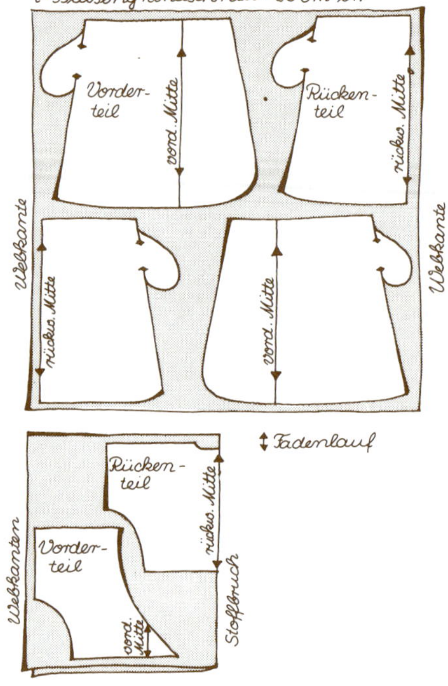

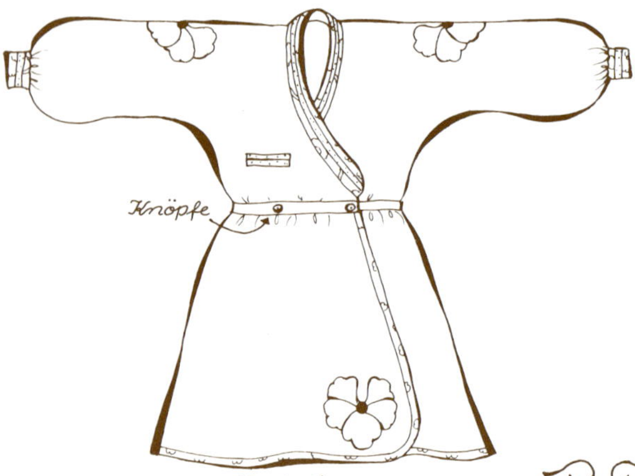

• Variation •

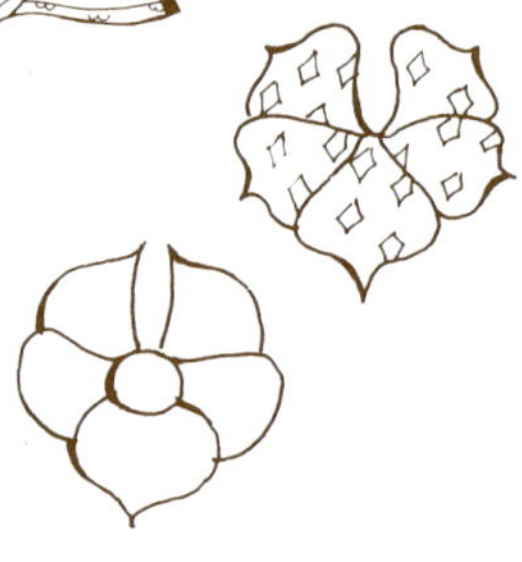

Arbeitsanleitung

1. Kleid mit $^1/_2$ cm Nahtzugabe* für die Vorderkante des Rocks, für unten, für die untere Kante der Ärmel und für die schräge Vorderkante und mit 1–2 cm für alle übrigen Kanten zuschneiden. Die Blende für die schräge Vorderkante doppelt zuschneiden: 3 cm breit und für Größe 5 Jahre 74 cm, 7 Jahre 80 cm, 9 Jahre 86 cm und 11 Jahre 94 cm lang (ohne Nahtzugabe). An beiden Enden die obere Ecke abrunden. 4 m Schrägstreifen*, 3 $^1/_2$–4 cm breit, zuschneiden. Bund erst bei Punkt 6 zuschneiden. An Oberteil und Rock vordere und rückwärtige Mitte markieren*.
2. Alle Kanten (außer den Außenkanten) versäubern*.
3. Schulternähte rechts auf rechts schließen. Nahtzugabe feststeppen*. Ärmel-/Seitennähte* schließen.
4. Rock rechts auf rechts zusammennähen. Gleichzeitig *Taschen in die Seitennaht** einnähen. Rock an den Vorderkanten und unten mit Schrägstreifen einfassen. Knappkantig* absteppen. Eventuell eine zusätzliche Naht in der Mitte nähen.
5. Kräuselfaden in der Taille des Oberteils und des Rockteils einnähen. So zusammenziehen, daß die Weite des Rocks und des Oberteils von der vorderen Mitte zur vorderen Mitte dem Taillenumfang des Kindes entspricht. Der Rest ist für Über-* und Untertritt* und wird ebenfalls gekraust. Kräusel gleichmäßig verteilen. Oberteil und Rock links auf links so zusammenheften, daß vordere Mitte, rückwärtige Mitte und die Seiten aufeinanderpassen. Zusammennähen und Nahtzugabe auseinandersteppen.
6. Der Bund ist 3 cm breit. Länge: Taillenweite des Kleides + Über- und Untertritt. Beim Zuschneiden Nahtzugabe nicht vergessen. Nahtzugabe einschlagen und umbügeln. Taillenhöhe nachprüfen. Bund so anheften, daß die Naht verdeckt ist. Kräusel sorgfältig glätten, bevor Sie den Bund an beiden Seiten feststeppen. Eventuell 3–4 Zusatznähte arbeiten.
7. Zwei Bindegürtel, 90 cm lang und 3 cm breit (ohne Nahtzugabe), zuschneiden. Kanten an den Seiten und an den Enden doppelt einschlagen und feststeppen. Bindegürtel an beiden Seiten des Bundes annähen. Senkrechtes Knopfloch* in den Bund in der Seitennahtlinie gegenüber dem Untertritt für den Bindegürtel nähen.
8. Vorderkante wie einen *normal gewendeten Stehkragen** annähen. Die schräge Kante des Vorderteils etwas einhalten*, damit die Vorderkante sich nicht wellt*. Knappkantig absteppen und eventuell 3–4 Zusatznähte machen. Sie geben der Kante mehr Halt.
9. Ärmel mit Schrägstreifen einfassen und knappkantig absteppen. Eventuell noch eine Naht in der Mitte nähen.

Stoffverbrauch	5 Jahre	7 Jahre	9 Jahre	11 Jahre
90 cm Br.	135 cm	150 cm	230 cm	250 cm
140 cm Br.	115 cm	130 cm	150 cm	180 cm

+50 cm 140 Br. für Kanten, Kragen und Bund

Nachthemd ☆☆

Das Nachthemd hat vorne und an den Ärmeln Biesen*. Es wird aus Käseleinen genäht und ist leicht und luftig. Sie können das Hemd eventuell mit Batikfarbe, einer farbechten Stoffarbe oder starkem Tee einfärben. Da Käseleinen in der Wäsche ziemlich viel einläuft, kochen Sie den Stoff erst aus, ehe Sie mit dem Nähen beginnen. Sie können das Nachthemd auch aus Flanell nähen. Es ist dann viel wärmer. Statt Biesen können Sie 3–4 Falten legen oder das Hemd einfach kräuseln*.

Arbeitsanleitung

1. Nachthemd mit 1/2 cm Nahtzugabe* für die Halskante, 3 cm für die untere Kante der Ärmel und für unten und 1–2 cm für alle übrigen Kanten zuschneiden. Schlitz markieren*.
2. Bei den Ärmeln sind zusätzlich 6 1/2 cm Stoff für 13 Biesen* à 1/2 cm berechnet. Die Biesen sind 16 cm lang. Beim Vorderteil sind 8 cm (2 x 4 cm) mehr Stoff für 2 x 8 Biesen à 1/2 cm berechnet. Die Biesen sind hier 20 cm lang.
3. Schulternaht schließen. Nahtzugabe versäubern* und am Rückenteil feststeppen*.
4. Schlitz nach der Markierung in der vorderen Mitte einschneiden. Halskante und Schlitz mit Schrägstreifen* einfassen.
5. Ärmel einnähen, wie beim *Hemd* (S. 6) unter Punkt 5 beschrieben.
6. Ärmel-/Seitennähte* schließen. Nähte versäubern und Nahtzugabe feststeppen.
7. Ärmel umnähen*, dabei eventuell einen Tunnel* für ein Gummiband einarbeiten. Nachthemd unten umnähen.
8. Schlaufe* und Knopf oder Bändchen* als Verschluß am Hals annähen.

· Variation ·
Arbeitsanleitung für Rock mit Gummizug befolgen, S. 14

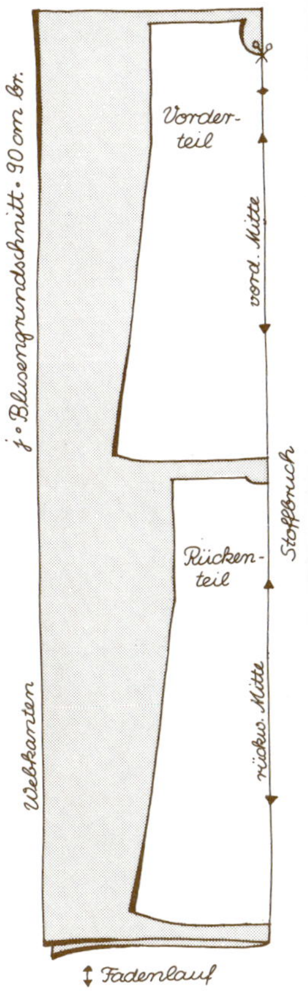

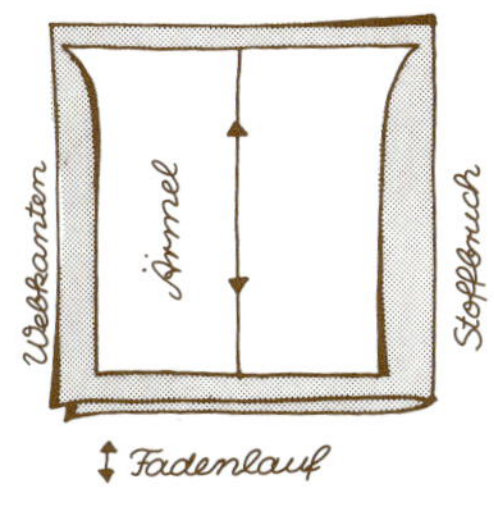

Stoffverbrauch	5 Jahre	7 Jahre	9 Jahre	11 Jahre
90 cm br.	250 cm	280 cm	320 cm	340 cm
140 cm br.	125 cm	140 cm	160 cm	170 cm

Schlafanzug ☆

Dieser zweiteilige Schlafanzug ist sehr einfach zu nähen. Die Hose hat keine Seitennaht. In der Taille und am Bein wird ein Gummizug eingezogen. Genäht wird sie nach der Arbeitsanleitung der *Hose mit Gummizug* (siehe S. 28), zugeschnitten nach *kk*, da sie oben etwas mehr Weite braucht. Das Oberteil ist sehr einfach; es hat einen Gummizug in der Taille und am Arm. An der einen Schulter wird es mit Druckknöpfen verschlossen. Nähen Sie den Schlafanzug aus einem weichen Baumwollstoff, z. B. Flanell, Molton oder Baumwolljersey.

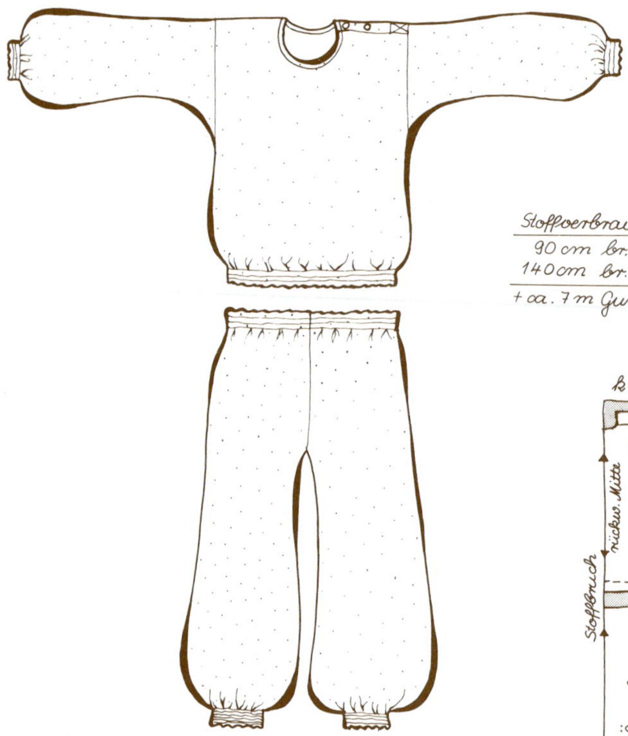

• siehe Foto Seite 25 •

Stoffverbrauch	5 Jahre	7 Jahre	9 Jahre	11 Jahre
90 cm br.	270 cm	280 cm	310 cm	450 cm
140 cm br.	170 cm	190 cm	210 cm	230 cm

+ ca. 7 m Gummiband + 3 Druckknöpfe

k • Blusengrundschnitt • 140 cm br.

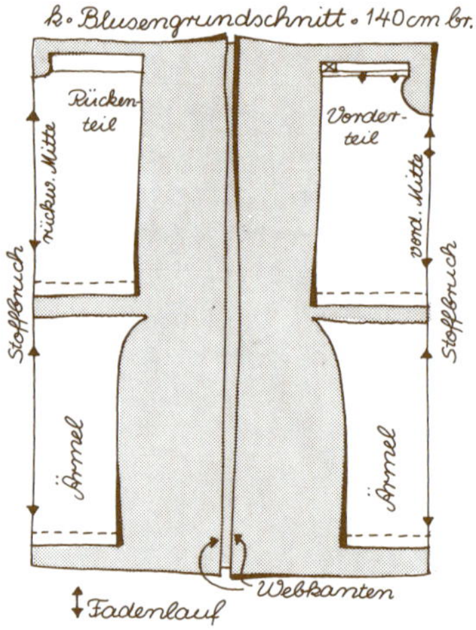

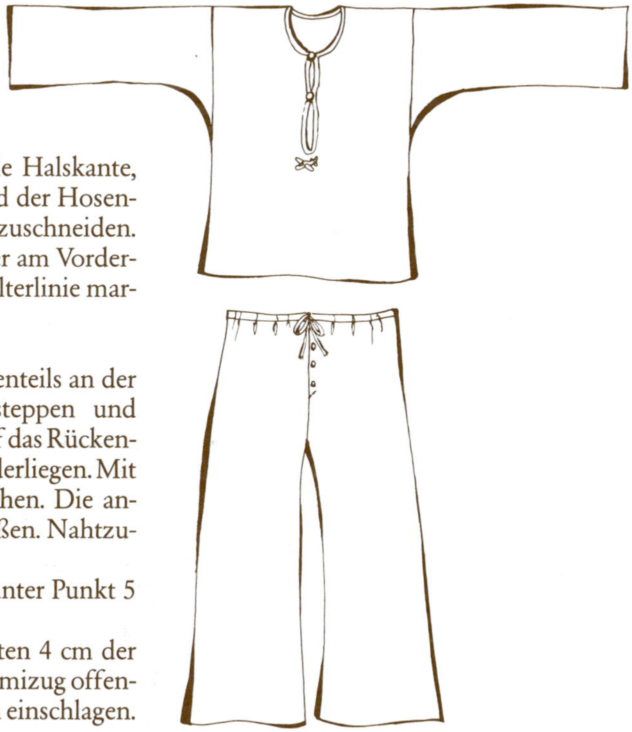

· Variation ·

Arbeitsanleitung

1. Oberteil mit $^{1}/_{2}$ cm Nahtzugabe* für die Halskante, 4 cm für die untere Kante der Ärmel und der Hosenbeine und 1–2 cm für alle übrigen Kanten zuschneiden. Schulterverschluß so einschneiden, daß er am Vorder- und Rückenteil links sitzt. Falt- und Schulterlinie markieren* (siehe Zeichnung).
2. Alle Kanten versäubern*.
3. Schulterverschluß des Vorder- und Rückenteils an der Faltlinie nach links einschlagen. Feststeppen und knappkantig* absteppen. Vorderteil so auf das Rückenteil legen, daß die Schulterlinien aufeinanderliegen. Mit einem Kreuz (2 x 2 $^{1}/_{2}$ cm) zusammennähen. Die andere Schulternaht rechts auf rechts schließen. Nahtzugabe feststeppen*.
4. Ärmel einnähen, wie beim *Hemd* (S. 6) unter Punkt 5 beschrieben.
5. Ärmel-/Seitennähte* schließen. Die letzten 4 cm der Ärmel- und der Seitennähte für den Gummizug offenlassen. 4 cm an der Ärmelkante und unten einschlagen. 3 Tunnel* nähen.
6. Aus den Stoffresten Schrägstreifen* zuschneiden und damit die Halskante einfassen. An der Schulter Nähfrei-Druckknöpfe einschlagen oder Knopflöcher arbeiten und Knöpfe annähen. Gummiband in den Ärmeln und unten einziehen.

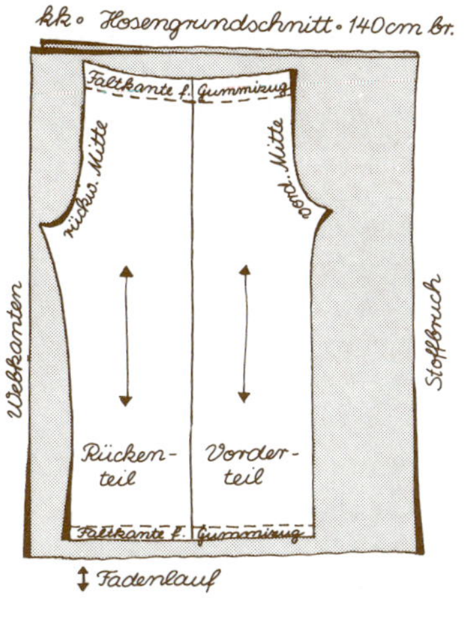

Hose mit Gummizug ☆

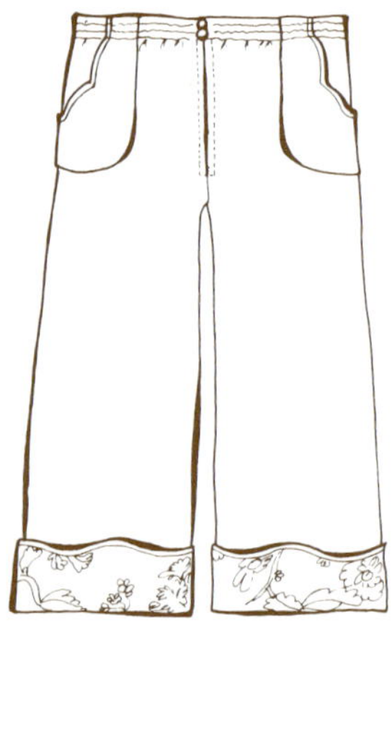

Die Hose ist ziemlich weit, Sie können sie aber noch weiter oder auch enger nähen (siehe S. 85). Sie können die Hose aus fast allen Stoffen nähen, z. B. aus dünnem Baumwollstoff für leichte luftige Sommerhosen oder aus Steppstoff für warme Winterhosen. Die Hose kann ohne Seitennaht genäht werden und nach Wunsch mit oder ohne Reißverschluß und unten mit Aufschlag, Gummizug oder Manschette. (Nähen Sie die Hose ohne Reißverschluß, so müssen Sie für die Hüftweite 4 cm mehr berechnen, damit das Kind sie leicht an- und ausziehen kann.) Wollen Sie sie unten normal umnähen, empfiehlt sich hierfür eine größere Nahtzugabe, damit Sie die Hose verlängern können.

• Aufschlag •

• Variation •

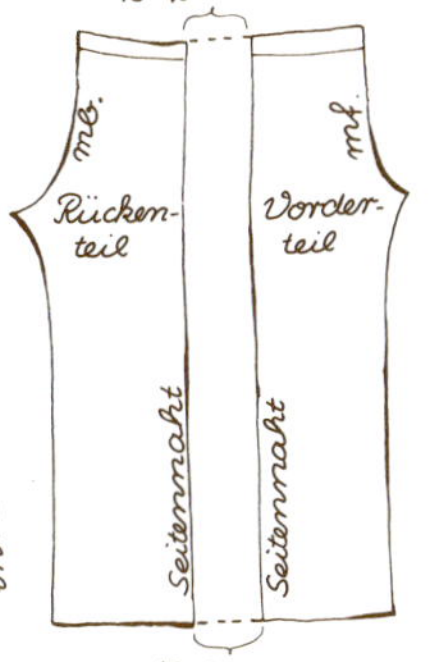

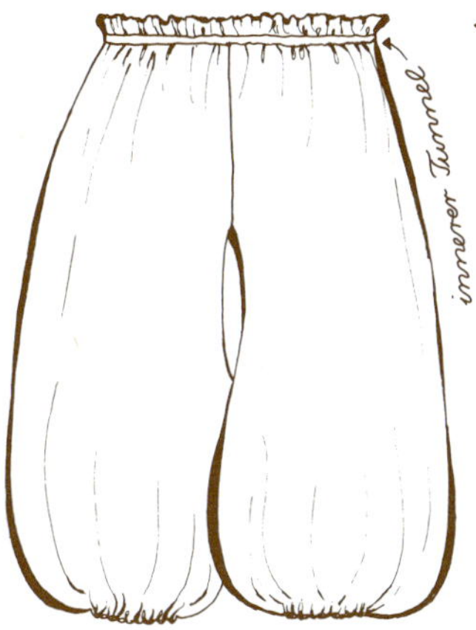

• Variation •
wird aus dünnem, weichem
Stoff genäht

k. Hosengrundschnitt • 140 cm br.

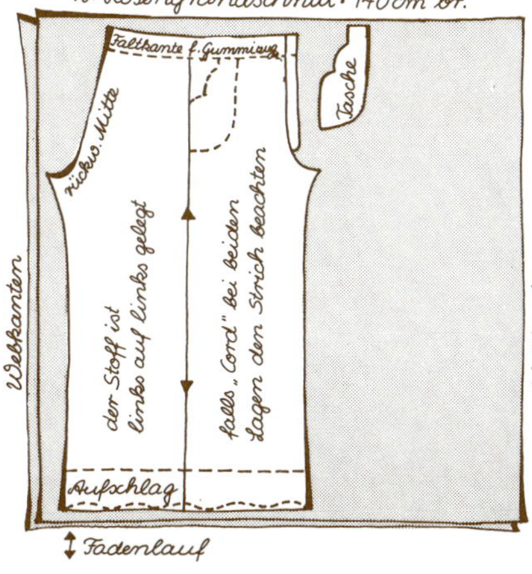

↕ Fadenlauf

Arbeitsanleitung

1. Hose mit 1 cm Nahtzugabe* für die Taille, 1–2 cm für die rückwärtige Mitte und für die Seiten und eventuell 2 cm an der vorderen Mitte für den Reißverschluß zuschneiden. Wenn Sie die Hose mit Aufschlägen versehen wollen, berechnen Sie unten 1/2 cm Nahtzugabe, ansonsten 4–6 cm für den Saum, damit Sie die Hose verlängern können. Eventuell die Aufschläge aus gemustertem Stoff, 10 cm x Weite des Hosenbeins, zuschneiden. Vordere Mitte markieren*.
2. Rückwärtige Mitte bügeln* und alle Kanten versäubern*. Eventuelle Seitennaht schließen.
3. Gewünschte Verzierung* aufnähen.
4. Wenn Sie einen gemusterten Aufschlag aufnähen wollen, so schlagen Sie diesen unten und oben 1/2 cm nach links ein, legen ihn mit der linken Seite auf die rechte Stoffseite des Hosenärmels und stecken ihn fest (darauf achten, daß die Kanten unten genau aufeinanderpassen). Nun steppen Sie den Aufschlag fest. Gebogene Aufschläge erst mit Schneiderkreide aufzeichnen. Durch beide Lagen hindurch am Strich entlang mit Zickzack-Stichen* zusammennähen. Außerhalb der Zickzack-Naht abschneiden. Zum Schluß mit Schrägband* einfassen.
5. *Aufgesetzte Taschen** nähen.
6. Vordere Mitte vom Schritt aus bis zum Schlitz für den Reißverschluß (Länge des Reißverschlusses + 1 cm + 8 cm für den Gummizug) zusammennähen. Einen *verdeckten Reißverschluß** einnähen. Rückwärtige Mitte schließen. Wenn Sie die Hose ohne Reißverschluß nähen, vordere Mitte ganz und rückwärtige Mitte bis 4 cm vor die obere Kante (Öffnung für Tunnel*) schließen.
7. Obere Kante 4 1/2 cm einschlagen. 3 Tunnel von ca. 1 cm Breite nähen. Gummibänder durchziehen. Bänder ca. 4 cm kürzer als die Taillenweite des Kindes zuschneiden und quer zu den Tunneln auf jeder Seite des Reißverschlußschlitzes festnähen. Schlaufe* und Knopf oberhalb des Reißverschlusses annähen. Bei einer Hose ohne Reißverschluß die Gummibänder an der rückwärtigen Mitte zusammennähen.
8. Hosenbeine vom Schritt aus zusammennähen.
9. Hosenbeine umnähen* oder eventuell Manschette annähen. Wenn die Hose Aufschläge hat, die unteren 12 cm der Innennaht mit Schrägband einfassen.

Stoffverbrauch	5 Jahre	7 Jahre	9 Jahre	11 Jahre
90 cm br.	170 cm	190 cm	210 cm	230 cm
140 cm br.	85 cm	95 cm	105 cm	115 cm

+ Reißverschluß 10-12 cm • Knopf + Gummiband •
15 cm für Aufschlag

• Siehe Foto Seite 33 •

Trägerhose mit Kreuz ☆☆☆

Diese Trägerhose hat das traditionelle Kreuz im Rücken und viele Taschen. Sie trägt sich angenehm, weil sie in der Taille nicht einengt und dem Kind viel Bewegungsfreiheit läßt. Nähen Sie sie aus Denim, Cord oder einem festen Baumwollstoff, eventuell mit Verzierungen*. Siehe auch *Trägerhose* (S. 32) und *Trägerrock* (S. 34).

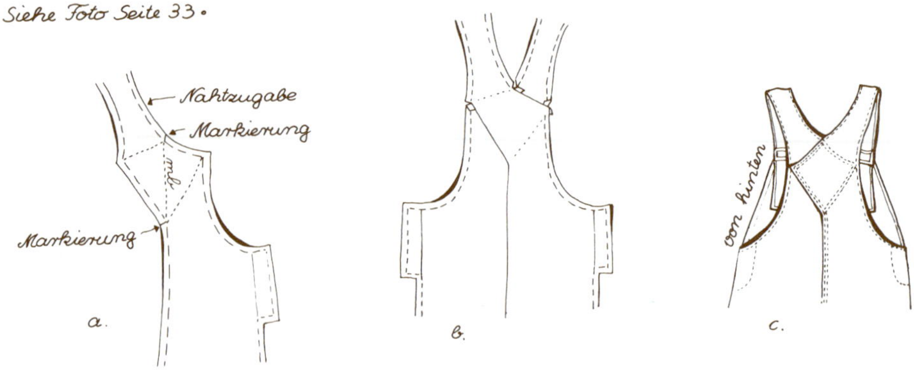

Arbeitsanleitung

1. Hose mit 1 oder 2 cm (wenn Sie diese doppelt einschlagen wollen) Nahtzugabe* für den Latz, für das obere Teil des Rückenteils und für die Träger zuschneiden. 1 cm Nahtzugabe für die Taschenrundung und 1–2 cm für alle übrigen Kanten berechnen. Taschenbeutel und Knopfverstärkungen für den Latz eventuell aus einem dünneren Stoff zuschneiden. Vordere Mitte, Reißverschluß, Gesäßtaschen, Seitennaht und das Dreieck (Zeichnung a) markieren*.
2. Rückwärtige Mitte bügeln und alle Kanten versäubern*.
3. *Eingesetzte Taschen** nähen.
4. Vordere Mitte bis zur Markierung für den Reißverschluß schließen. Reißverschluß wie einen *Reißverschluß im Hosenschlitz** einnähen. Das obere Teil des Hosenschlitzes zwischen Reißverschluß und Taille mit einem Kreuz festnähen.

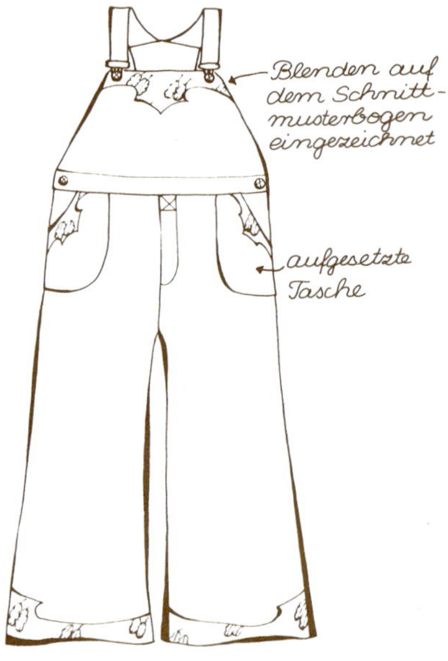

• Variation •

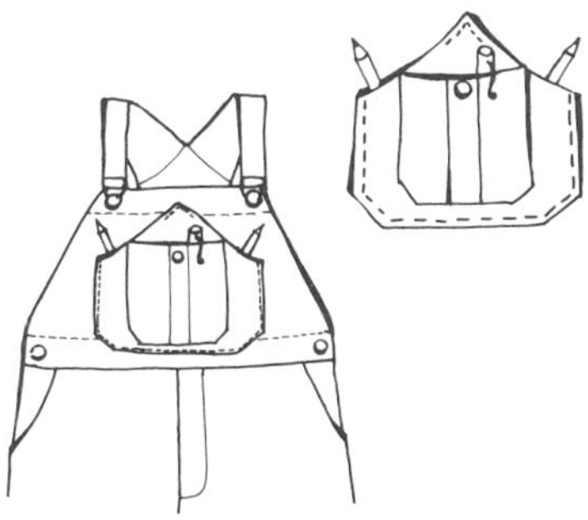

Doppeltasche

a. Hosengrundschnitt · 140 cm Br.

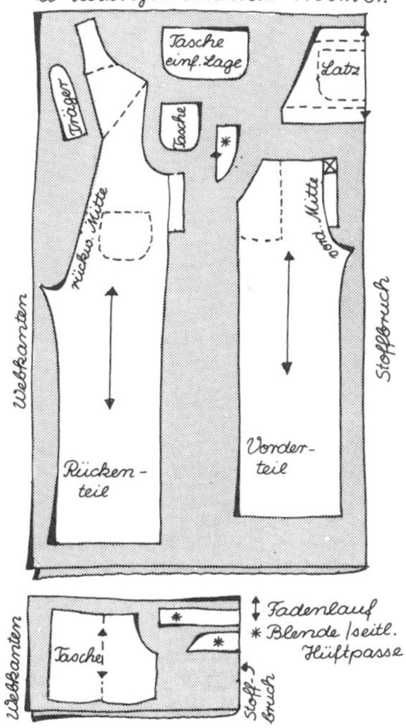

5. Latz rechts auf rechts auf das Vorderteil legen, untere Knopfverstärkung rechts auf links auf das Vorderteil legen. Feststecken und zusammennähen. Knopfverstärkung und Latz nach oben wenden und von rechts knappkantig* absteppen. Obere Kante der Knopfverstärkung einschlagen und am Latz festnähen.
6. Obere Knopfverstärkung zunächst 3 cm von der oberen Kante des Latzes feststeppen, dann mit Zickzack-Stichen an der Außenkante festnähen. Die *aufgesetzte Tasche** auf den Latz nähen. Eventuell Nähfrei-Druckknöpfe einschlagen.
7. Hose an der rückwärtigen Mitte von der Markierung aus nach unten zusammennähen. Am Dreieck zwei kleine Zacken* in die Nahtzugabe schneiden. Nahtzugabe des einen Teils nach rechts legen (Zeichnung b). Nahtzugabe des anderen Teils nach links einschlagen. Beide Teile so aufeinanderlegen, daß ein doppeltes Dreieck entsteht. Feststecken und heften*. Das Dreieck zweimal rundum feststeppen. Die Nähte entlang der rückwärtigen Mitte fortsetzen und dadurch die Nahtzugabe feststeppen (Zeichnung c).
8. Knopfverstärkung 2 1/2 cm von der Seitenkante des Rückenteils annähen.
9. Die Kante des Rückenteils und der Träger einfach oder doppelt einschlagen, festnähen und knappkantig absteppen.
10. Gesäßtaschen aufnähen.
11. Seitennähte von der Markierung aus nach unten feststecken und zusammennähen. Nahtzugabe mit zwei Nähten am Vorderteil feststeppen*.
12. Die Seitenkanten und die Kante des Latzes einschlagen, festnähen und knappkantig absteppen.
13. Innennaht der Hosenbeine vom Schritt aus nach unten zusammenstecken und -nähen.
14. Knopflöcher* an den Seiten des Latzes arbeiten. Knöpfe am Rückenteil annähen. Schnallen an den Trägern befestigen und Jeansknöpfe auf dem Latz annähen.
15. Hose umnähen*.

Stoffverbrauch	5 Jahre	7 Jahre	9 Jahre	11 Jahre
90 cm Br.	180 cm	200 cm	250 cm	270 cm
140 cm Br.	110 cm	120 cm	130 cm	140 cm

+2 Schnallen · 4 Knöpfe · Reißverschluß 10–12 cm · evt. 450 cm Schrägband

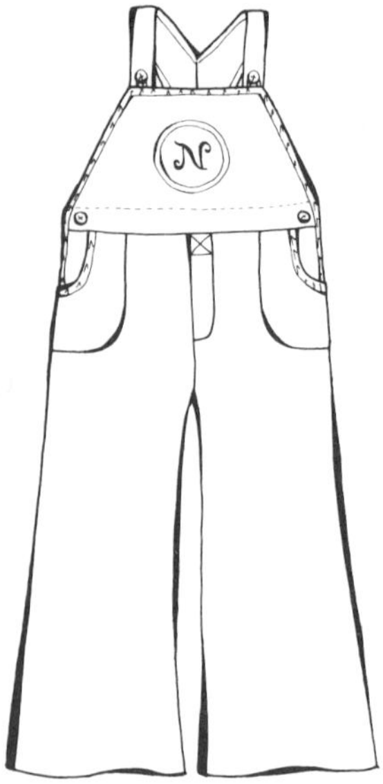

Trägerhose ☆☆

Die Hose hat denselben Schnitt wie die *Trägerhose mit Kreuz* (S. 30), jedoch hinten statt des Kreuzes eine gerade Naht und an den Seiten aufgesetzte Taschen. Daher ist sie leichter zu nähen. Das Modell ist aus Cord gearbeitet und mit einem gemusterten Schrägstreifen eingefaßt. Nähen Sie eventuell Verzierungen auf den Latz und auf die Hosenbeine. Für Mädchenhosen können Sie auch den Hosenschlitz weglassen.

• von hinten •

Arbeitsanleitung

Alle Verweise beziehen sich auf die *Trägerhose mit Kreuz* (siehe S. 30).

1. Hose zuschneiden. Vorderteile ohne Taschenrundung und eventuell auch ohne Hosenschlitz zuschneiden. 1/2 cm Nahtzugabe* für die Außenkanten des Latzes, die Taschenrundung, das Rückenteil und die Hosenträger und 1–2 cm für alle übrigen Kanten berechnen.
2. Rückwärtige Mitte bügeln und alle Kanten versäubern*.
3. *Aufgesetzte Taschen** vorne aufnähen.
4. Befolgen Sie Punkt 4.
5. Eventuell Verzierung* auf den Latz nähen und Punkt 5 befolgen.
6. Befolgen Sie Punkt 6, wenn Sie es nicht vorziehen, die Hose mit Schlaufe* und Knopf zu schließen.
7. Rückwärtige Mitte schließen. Nahtzugabe feststeppen.*
8. Punkt 8 befolgen.
9. Rückenteil und Hosenträger so mit Schrägband* einfassen, daß das Band von rechts nicht sichtbar ist. Festnähen und knappkantig* absteppen.
10. Punkt 10 und 11 befolgen.
11. Latz und Seite mit Schrägstreifen* oder -band einfassen.
12. Punkt 13, 14 (statt Schnallen kann man auch Schlaufen an den Latz und Knöpfe an die Träger nähen) und 15 befolgen.

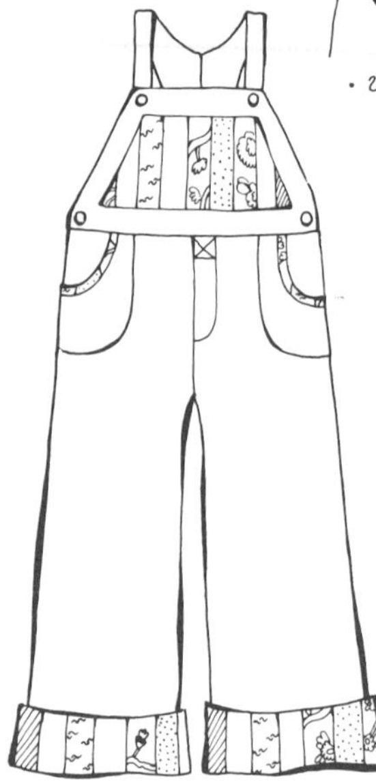

• Variation •

Stoffverbrauch	5 Jahre	7 Jahre	9 Jahre	11 Jahre
90 cm br.	180 cm	200 cm	250 cm	270 cm
140 cm br.	110 cm	120 cm	130 cm	140 cm

+ 2 Schnallen • 4 Knöpfe • Reißverschluß 10–12 cm • evt. 450 cm Schrägband

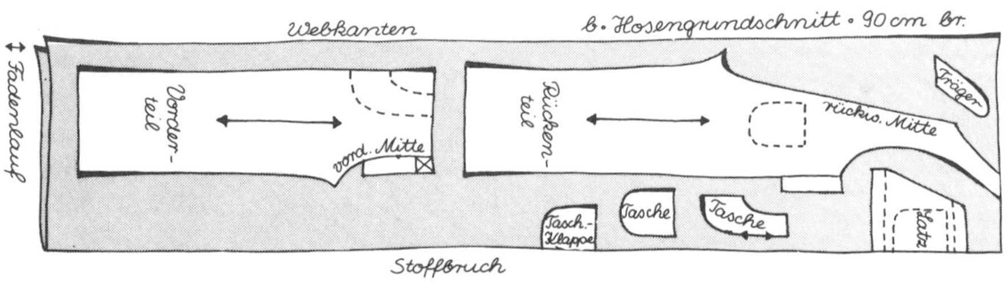

Applikation · unten

· siehe Foto Seite 33 ·

Trägerrock ☆☆/☆☆☆

Der Trägerrock ist nach demselben Schnitt wie die *Trägerhose mit Kreuz* (S. 30) genäht. Sie müssen nur an der vorderen und rückwärtigen Mitte sowie an den Seiten von der Taille nach unten den Linien aa oder bb auf dem Schnittmusterbogen folgen. Die Taschen zeichnen Sie ein, indem Sie die Seitennähte des Trägerrocks auf die Seitennähte der Trägerhose legen und die Linien bis zur Taille verlängern. Der Trägerrock macht sich am besten, wenn er aus einem etwas festeren Stoff genäht wird. Das Modell wurde aus Cord genäht und mit Schrägband eingefaßt.

Arbeitsanleitung
Arbeitsanleitungen der *Trägerhose mit Kreuz* (S. 30) und der *Trägerhose* (S. 32) befolgen.
Trägerrock zuschneiden. Nahtzugabe* für Rückenteil/Träger und Latz danach berechnen, ob Sie sie einschlagen oder einfassen wollen. Für dieses Modell wurde 1/2 cm für das Schrägband berechnet.
Nähen Sie eventuelle Applikationen* auf den Latz, bevor Sie ihn an den Rock nähen.

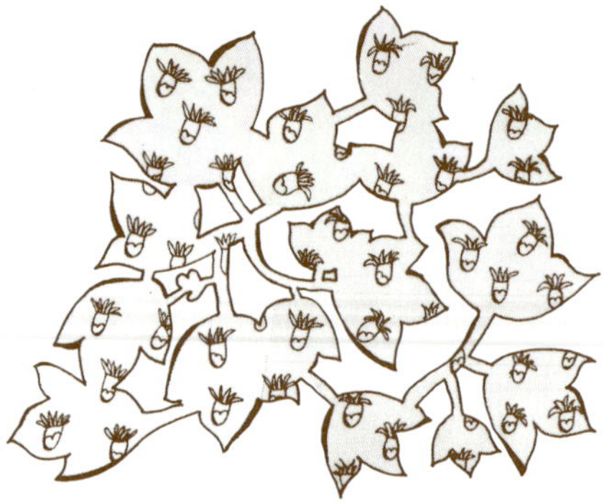

Applikation · Latz

Stoffverbrauch	5 Jahre	7 Jahre	9 Jahre	11 Jahre
90 cm br.	130 cm	160 cm	170 cm	180 cm
140 cm br.	75 cm	85 cm	90 cm	95 cm

+ 450 cm Schrägband · 4 Knöpfe

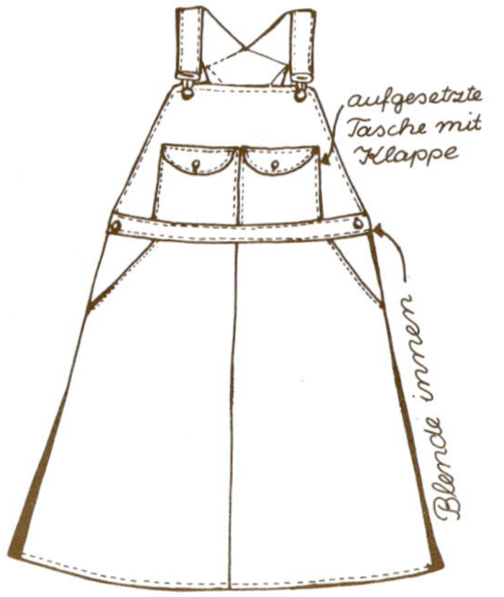

· Variation ·

aa · bb · Hosengrundschnitt · 140 cm br.

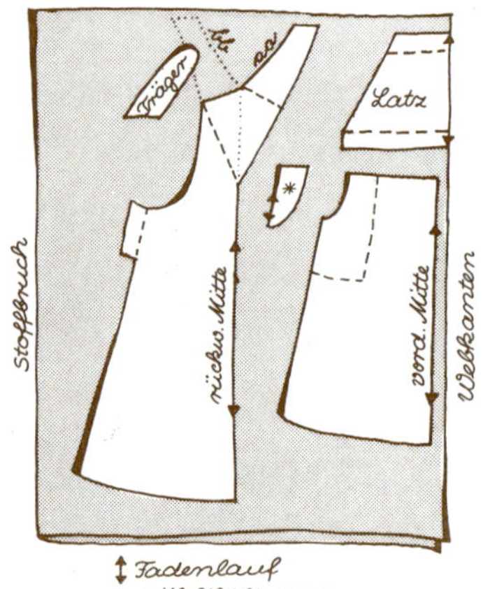

↕ Fadenlauf
* seitl. Hüftpasse

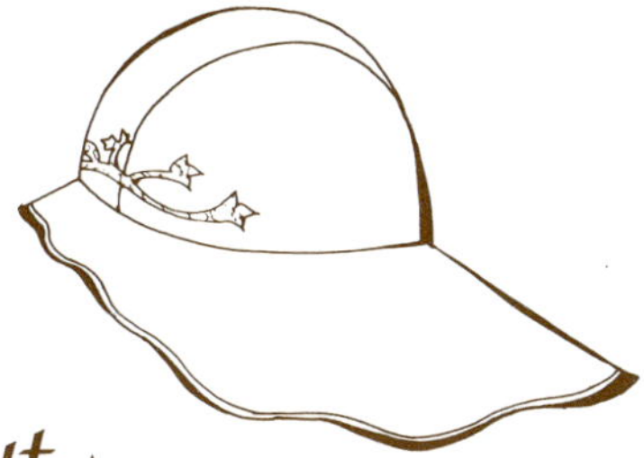

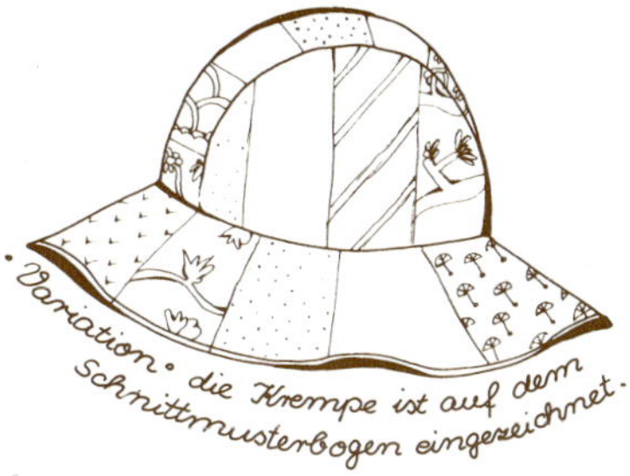

Sommerhut ☆

• siehe Foto Seite 33 •

Wenn die Sonne scheint, ist es manchmal ganz angenehm, einen Hut zu haben. Dieser Hut mit gebogener Krempe ist aus doppeltem Baumwollstoff genäht. Er ist mit einer Applikation* verziert. Sie können ihn aber auch aus Patchwork* oder mit verschiedenen Bändern* nähen. Statt der gebogenen Krempe können Sie eine gerade, breite Krempe annähen. Der Schnitt ist auf dem Schnittmusterbogen für folgende Kopfumfänge eingezeichnet: 51 cm, 53 cm, 55 cm und 57 cm.
Befolgen Sie die Arbeitsanleitung für die *Mütze* (S. 62). Die Krempe wird wie die Ohrenklappen angenäht.

Stoffverbrauch	alle Größen
90 cm br.	70 cm
140 cm br.	55 cm

+ 2 m Schrägband

Zuschneideplan 11 Jahre • 90 cm br.

Kurze Hosen

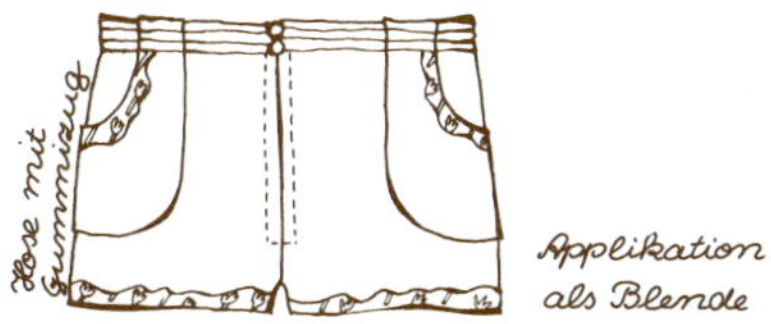

Beim Hosengrundschnitt sind verschiedene Linien für kurze Hosen eingezeichnet. Diese lassen sich für alle Hosenmodelle verwenden. Nähen Sie die kurzen Hosen am besten aus Baumwolle oder Cord.
Befolgen Sie die Arbeitsanleitung des Modells, das Sie verkürzt haben.

• Trägerhose mit Bändern •

• Hose mit Bund •

• Turnhose •

• Seite •

Hose mit Bund ☆☆

Bei dieser Hose gibt es viele Variationsmöglichkeiten, z. B. Falten vorne, Gummizug in den Beinen, gepaspelte Gesäßtaschen, eingesetzte oder aufgesetzte Taschen oder einen Sattel hinten. Sie können die Hose z. B. aus Cord nähen, sie ist dann mollig warm und strapazierfähig, oder aus einem festen, dichtgewebten Baumwollstoff. Die Hosen mit Bund sitzen gut und engen auch nicht ein, wenn Sie sorgfältig Maß nehmen, ehe Sie mit der Arbeit beginnen. Wählen Sie die Größe, die der Hüftweite des Kindes am nächsten kommt, und nehmen Sie eventuelle Änderungen (siehe S. 85) vor. Ist die Hüftweite richtig, die Taille aber zu weit, können Sie die Hose an den Seitennähten oder an der rückwärtigen Mitte enger nähen. Auf dem Schnittmusterbogen gibt es eine Linie für ein schmaleres Hosenbein.

Arbeitsanleitung

1. Hose mit 1 cm Nahtzugabe* für die vordere Mitte (siehe *Reißverschluß im Hosenschlitz**), die rückwärtige Mitte und die Taille und 1–2 cm für die Innennaht der Hosenbeine und die Seiten zuschneiden. Berechnen Sie unten 4–6 cm für den Saum, damit Sie die Hose verlängern können. Taschen in dünnerem Stoff zuschneiden; siehe Punkt 4. Den Bund* ca. 3 cm breit zuschneiden. Hosen mit Falten in der Taille nach den Linien *cc* an der Seitennaht des Vorderteils und an der vorderen Mitte zuschneiden.
2. Rückwärtige Mitte bügeln und alle Kanten versäubern*.
3. Eventuell vorne drei Falten* mit einem Zwischenraum von 1,5 cm nähen. Die Falten sind 1/2 cm tief und 4 cm lang und werden knappkantig* abgesteppt.
4. Vorne *eingesetzte Taschen** nähen. Entweder aufgesetzte* oder gepaspelte* Gesäßtaschen nähen.
5. Seitennähte schließen und eventuell Verzierungen* auf die Hosenbeine nähen. Nahtzugabe doppelt feststeppen*.
6. Vordere Mitte bis zum Hosenschlitz schließen. *Reißverschluß im Hosenschlitz** einnähen.
7. Rückwärtige Mitte schließen und eventuell Nahtzugabe feststeppen. Hosenbeine vom Schritt aus zusammennähen.
8. Taillenhöhe und -weite nachprüfen. Ist die Hose zu weit, nähen Sie sie auf beiden Seiten oder hinten etwas enger. Die Hose muß die gewünschte Höhe haben (nicht vergessen, daß der Bund ca. 3–4 cm breit ist) und rundum gleich hoch wirken. Ist dies nicht der Fall, mit Schneiderkreide die Änderung auf der einen Hälfte der Hose markieren*. Dann die Hose an der vorderen und rückwärtigen Mitte falten und zuschneiden. So werden die Änderungen auf beiden Hälften gleich. Bund* und eventuell Gürtelschlaufen* annähen.
9. Unten entweder normal umnähen* oder Tunnel* nähen. Wenn Sie sich für einen inneren Tunnel, wie bei diesem Modell entscheiden, nähen Sie die Hose 1 cm um und arbeiten 4–5 cm von der unteren Kante entfernt in der Seitennaht ein kleines Knopfloch* ein. Dann innen Schrägband* für den Tunnel annähen. Band durchziehen und an den Enden knoten.

Stoffverbrauch	5 Jahre	7 Jahre	9 Jahre	11 Jahre
90 cm br.	160 cm	170 cm	190 cm	200 cm
140 cm br.	80 cm	85 cm	95 cm	100 cm

+ Reißverschluß 10–12 cm · Knopf · 20 cm Futterstoff für Tasche

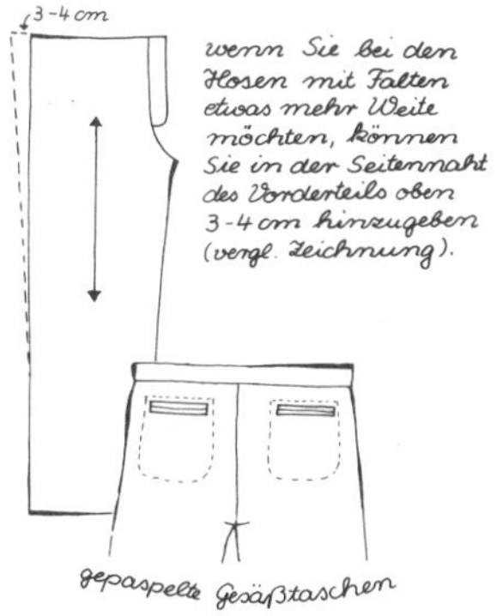

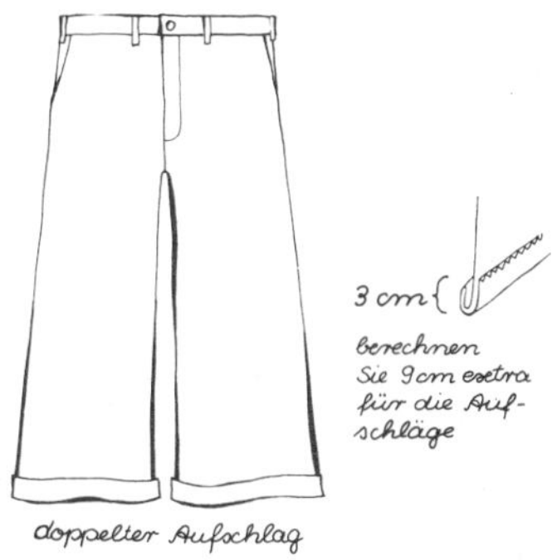

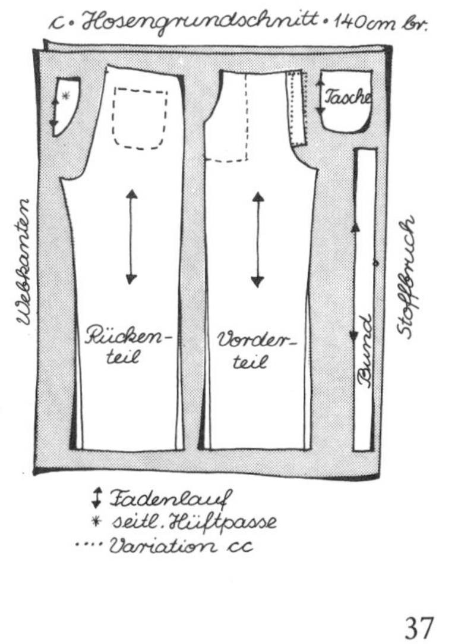

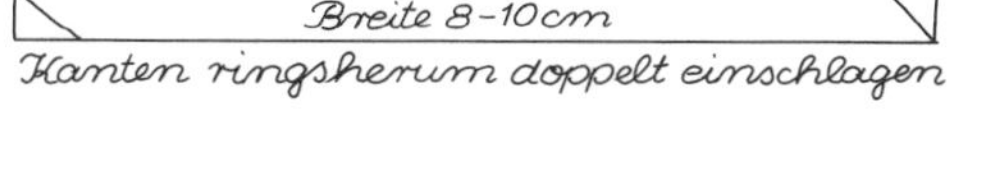

Overalls ☆☆/☆☆☆

Ein Overall ist für groß und klein ein herrliches und praktisches Kleidungsstück. Das eine Modell hat Doppelnähte, mit Knopflochgarn genäht, gerade eingesetzte Ärmel, Passe, einen breiten Hosenschlitz, Kragen, Gummizug im Rücken und Aufschläge. Das andere Modell ist mit Applikation verziert, hat Raglanärmel, Stehkragen, gepaspelte Taschen und in der Taille, an den Ärmeln und an den Hosenbeinen einen Gummizug.
Sie können den Anzug, z. B. aus Denim, Cord oder indischer Baumwolle, als Spiel-Arbeitsanzug; aus Stretchfrottee oder Flanell als Schlafanzug oder auch aus Bibernylon oder gesteppptem Baumwollstoff als Fliegeranzug nähen.

Arbeitsanleitung
Überzeugen Sie sich, daß das Körperteil des Anzugs lang genug ist. Messen Sie großzügig vom Schritt bis zum Hals nach, und prüfen Sie dann das Muster. Sie brauchen mindestens 4 cm mehr zum Wachsen und Bewegen. Für Fliegeranzüge berechnet man 8 cm mehr in der Länge und 4 cm zusätzlich in Körper- und Ärmelweite. Nähen Sie den Gummizug um die ganze Taille, Sie können noch 4–6 cm (bei Fliegeranzügen weniger) in der Weite dazugeben, da das Oberteil dann ruhig weiter fallen kann.

1. Anzug mit 1 cm Nahtzugabe* für die Halskante, den Kragen/Stehkragen und 1–2 cm für alle Kanten, die zusammengenäht werden, zuschneiden. An der unteren Kante der Ärmel und der Hosenbeine 3 cm berechnen. Vergessen Sie nicht, für

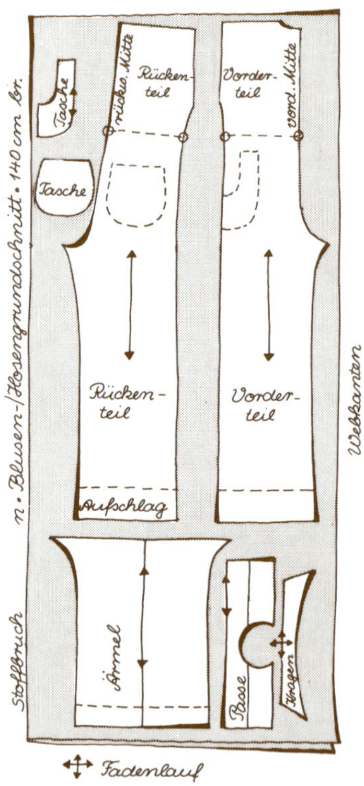

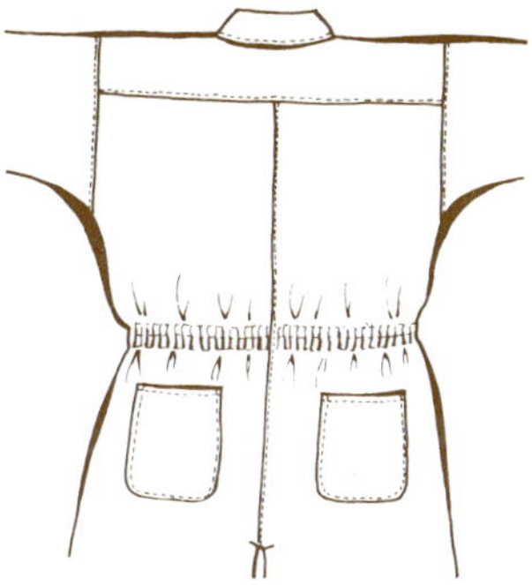

einen eventuellen Gummizug (4–6 cm) oder Aufschläge (8–10 cm) mehr Länge zu berechnen. Eventuell die Passe aus doppeltem Stoff zuschneiden. Für Hosenschlitz* an der vorderen Mitte 5 cm, für einen *normal verdeckten Reißverschluß** 2 cm Nahtzugabe berechnen. Taschen und Taille markieren*.

2. Rückwärtige Mitte bügeln und alle Kanten versäubern*.
3. *Gepaspelte* oder *aufgesetzte Taschen** nähen.
4. Rückwärtige Mitte schließen. Soll der Anzug Doppelnähte* mit Knopflochgarn bekommen, Nahtzugabe doppelt feststeppen und alle Nähte während der Arbeit doppelt absteppen. Eventuell Passe wie beim *Bauernhemd* (siehe S. 8, Punkt 5) beschrieben nähen.

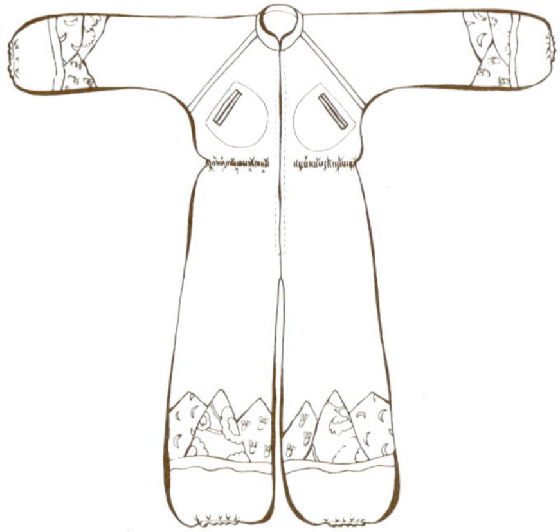

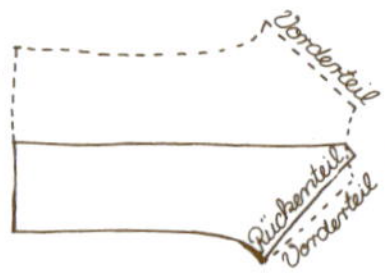

Stoff auseinanderfalten und Ärmel zum Schluß zuschneiden, da Vorder- und Rückenteil des Ärmels am Halsausschnitt nicht gleich sind. Achten Sie darauf, daß Sie zwei spiegelverkehrte Ärmel zuschneiden.

5. Reißverschluß* einnähen. Wenn Sie einen Hosenschlitz nähen, machen Sie ihn 3 1/2 cm breit, damit ausreichend Platz für Knopflöcher da ist. Knopflöcher* einarbeiten und Knöpfe annähen.
6. Eventuell Applikation* auf die Ärmel nähen. Ärmel zusammennähen. Wenn sie gerade eingesetzt werden, Punkt 5 beim *Hemd* (S. 6) beachten. Wenn Sie Raglanärmel wählen, nähen Sie die längere Seite des Ärmels links auf links an das Rückenteil, die kürzere Seite an das Vorderteil. Schrägband* über die Naht nähen.
7. *Normal gewendeten Kragen oder Stehkragen** annähen.
8. Ärmel-/Seitennähte* schließen. Eventuell Applikation auf die Hosenbeine nähen.
9. Schrägband* entweder um die ganze Taillenlinie oder nur hinten für Tunnel* annähen (Taillenhöhe nachprüfen).
10. Innennaht der Hosenbeine vom Schritt aus zusammenstecken und schließen.
11. Ärmel und Hosenbeine umnähen*, eventuell mit Tunnel für Gummizug oder, falls Sie Aufschläge machen wollen, mit Doppelnähten, die sichtbar sind, wenn der Aufschlag umgeschlagen wird.

Stoffverbrauch	5 Jahre	7 Jahre	9 Jahre	11 Jahre
90 cm br.	240 cm	250 cm	300 cm	400 cm
140 cm br.	160 cm	165 cm	200 cm	230 cm
+Reißverschluß ·	35 cm	35 cm	40 cm	45 cm

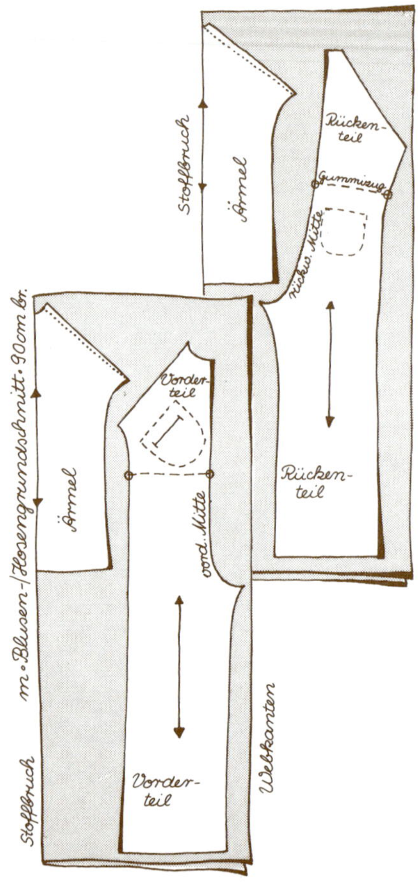

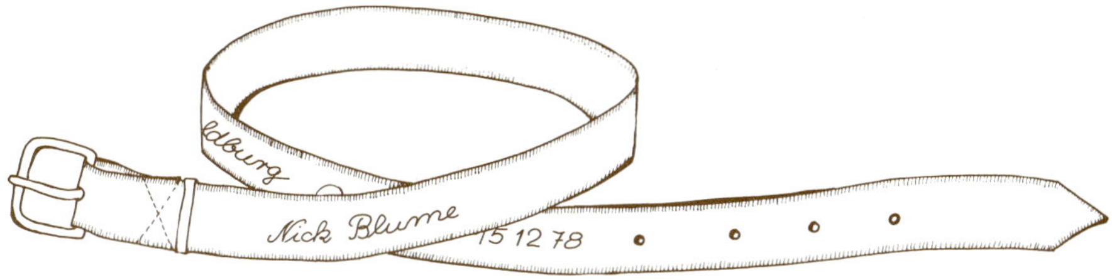

Gürtel

Der Gürtel ist leicht zu nähen. Wenn Sie ihn aus einfarbigem Baumwollstoff nähen, verzieren Sie ihn mit Bändern* oder Ziernähten. Sie können z. B. mit dichten Zickzack-Stichen auf dem Gürtel „schreiben" (siehe *Ziersteppereí nach Motiv**). Aber auch aus gemustertem Baumwollstoff oder Patchwork* sieht der Gürtel hübsch aus.

· Variation · Verzierung mit dichten, breiten Zickzack-Stichen in verschiedenen Farben

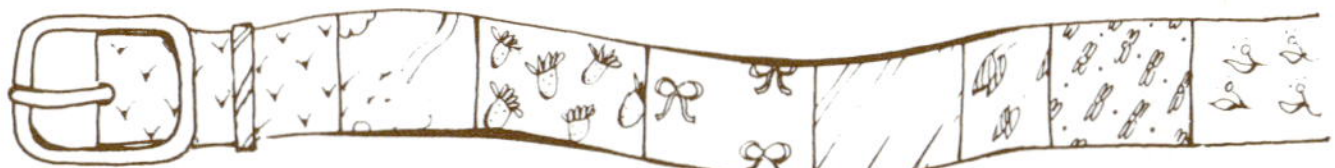

· Variation · Patchwork ·

a.

Arbeitsanleitung

Der Gürtel soll 25 cm länger als die Taillenweite des Kindes sein. Als Einlage nehmen Sie Gurtband (eventuell zum Aufbügeln) oder Ripsband in der Länge und Breite des Gürtels. Für die Rückseite brauchen Sie Schrägband oder Ripsband in derselben Größe. Schnallen und Lochringe gibt es in verschiedenen Formen in den meisten Näh- und Ledergeschäften.

1. Stoff 2 cm länger und doppelt so breit wie die Einlage zuschneiden. Das eine Ende der Einlage spitz zuschneiden und den Stoff anpassen (Zeichnung a).
2. Stoff um die Einlage legen. Festbügeln oder mit Kreuzstichen so heften, daß der Stoff ganz glatt ist. Das Band für die Rückseite mit der rechten Seite nach außen auflegen. Feststecken und von rechts mit einer geraden Naht oder mit dichten, breiten Zickzack-Stichen* festnähen.
3. Eventuell Verzierung* aufnähen.
4. Für die Schnalle ein kleines Loch, 5 cm von dem geraden Ende des Gürtels, einschneiden. Mit dichten Zickzack-Stichen um das Loch nähen. Schnalle anbringen und Gürtel zusammennähen (Zeichnung b). 8 cm vom spitzen Ende des Gürtels entfernt 4 Löcher in einem Abstand von 4 cm einarbeiten und die Lochringe anbringen.
5. Schlaufe* zuschneiden, 2 cm breit und 2 x die Breite des Gürtels + 1 cm. Falten und zusammennähen (Zeichnung c). Eventuell an der Rückseite des Gürtels festnähen.

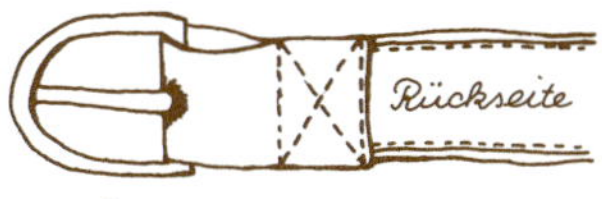

b.

c.

Regenbekleidung

Regenbekleidung näht man aus Wachstuch. Nicht jedes Wachstuch ist hierfür geeignet. Wählen Sie eine einigermaßen weiche Qualität. Sie können die Kleidungsstücke auch aus einem speziell für Regenbekleidung gefertigten, matten einfarbigen Wachstuch nähen. Wachstuch läßt sich oft schlecht von rechts nähen, da es nicht so leicht gleitet. Wenn Sie aber einen Tropfen Nähmaschinenöl an der Nahtlinie verreiben, geht das Nähen ganz einfach. Sollten Sie für Ihre Nähmaschine einen Rollsteppfuß für Lederarbeiten haben, nehmen Sie ihn. Wenn das Kleidungsstück später geflickt werden muß, kleben Sie die Flicken mit einem Spezialkleber auf. Je weniger Nähte Sie haben, desto besser. So dringt das Wasser nicht so leicht ein.

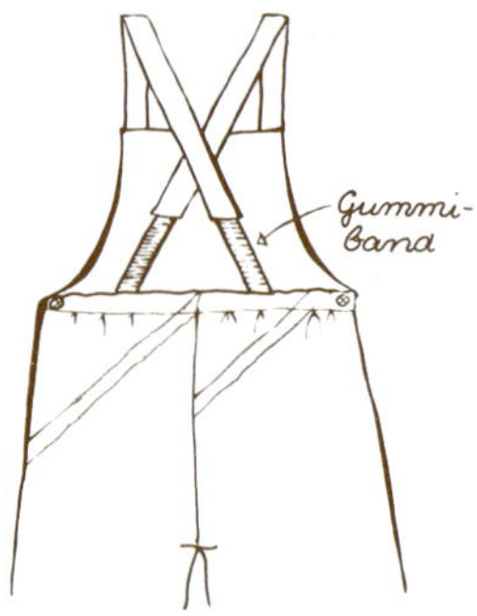

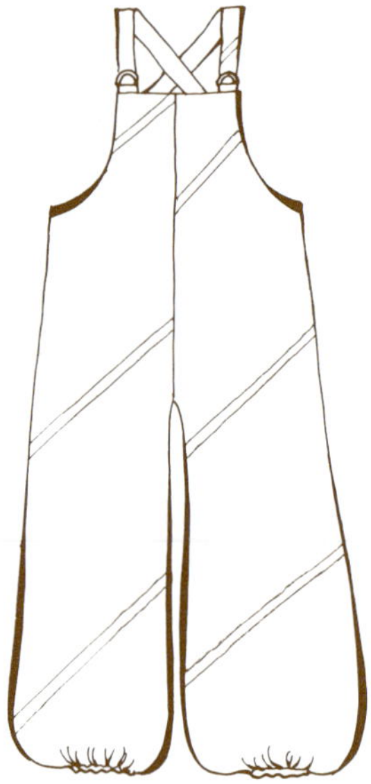

Regenhose ☆

Diese Hose wird als Trägerhose ohne Seitennaht gearbeitet. Sie hat angenähte Träger und hinten einen Gummizug. Sie können diesen Schnitt auch für eine gesteppte Überziehhose verwenden.

· gesteppte Winterhose ·

Arbeitsanleitung

1. Hose mit ca. 1/2 cm Nahtzugabe* für die oberen Kanten, 1 cm für vordere und rückwärtige Mitte, 1–2 cm für Hosenbeine und 2 cm für unten zuschneiden. Schneiden Sie einen 8 cm langen Schlitz oben in die Seiten. Träger 3 cm breit und 60–65 cm lang zuschneiden. Markieren* Sie die Ansatzpunkte für die Träger.
2. Vordere und rückwärtige Mitte schließen.
3. Vom oberen hinteren Punkt des einen Schlitzes aus diesen Schlitz, das Vorderteil und den anderen Schlitz der oberen Kante entlang mit Schrägband* einfassen.
4. Hinten 2 cm für einen Tunnel* einschlagen, umnähen und Gummiband* durchziehen.
5. Hosenbeine vom Schritt aus zusammennähen. Hose unten umnähen*, eventuell mit Tunnel für Gummizug.
6. Hosenträger mit Schrägband einfassen und hinten an den Markierungen gut festnähen (siehe hierzu auch *Schlaufe**).
7. Zwei kleine Schlaufen, 3 x 6 cm, zuschneiden und an den Seiten einfassen. Jede Schlaufe durch zwei Ringe für den Verschluß durchziehen und an beiden Ecken der Oberkante des Latzes festnähen.
8. Schlaufen an den Seiten des Vorderteils festnähen und Knöpfe zum Schließen der Schlitze am rückwärtigen Teil annähen.

Hornhecht

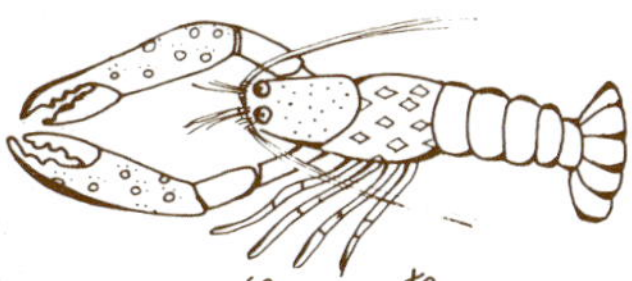

Languste

Barsch

Regenjacke ☆☆

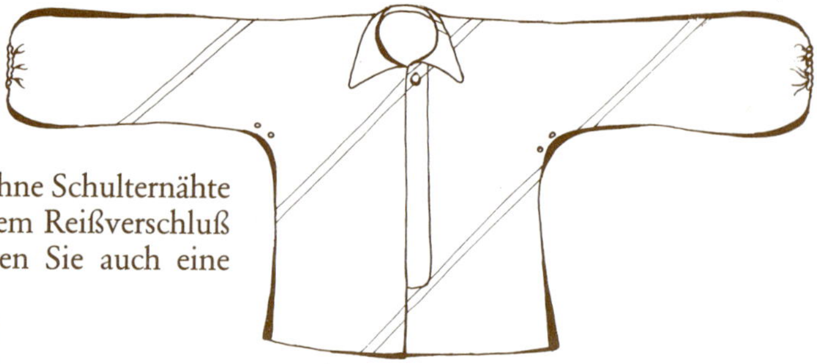

Die Jacke ist ziemlich lang und wird ohne Schulternähte zugeschnitten. Vorne wird sie mit einem Reißverschluß geschlossen. Statt des Kragens können Sie auch eine Kapuze nähen.

• siehe Foto Seite 43 •

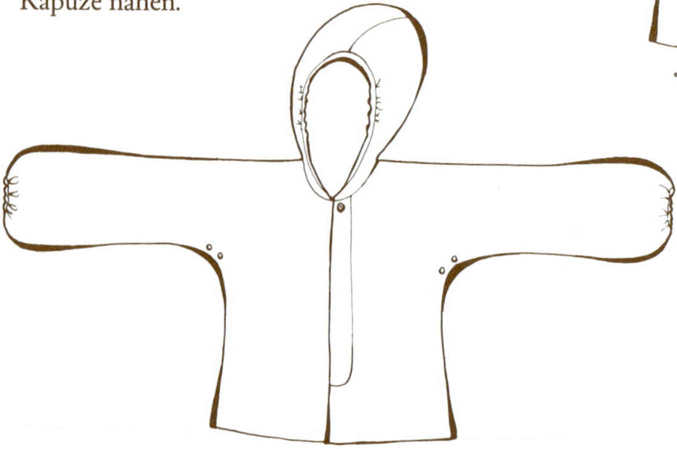

Arbeitsanleitung

1. Jacke mit 1 cm Nahtzugabe* für die Halskante, die Ärmel-/Seitennähte* und den Kragen und 2 cm für unten und für die Ärmel zuschneiden. Vordere Mitte aufschneiden. Zwei Blenden* für den Reißverschluß zuschneiden, 5 cm breit und so lang wie die Vorderkante.
2. Blenden und Vorderkanten rechts auf rechts mit 1/2 cm Nahtzugabe zusammennähen. Linke Blende unten an der kleinen waagerechten Kante mit 2 cm Nahtzugabe festnähen. Nach links wenden und knappkantig* absteppen. Rechte Blende der Länge nach rechts auf rechts falten (sie ist bereits an der Vorderkante festgenäht) und oben (1 cm Nahtzugabe) und unten (2 cm Nahtzugabe) waagerecht zusammennähen. Wenden und Kante von rechts feststeppen. Teilbaren Reißverschluß, wie unter *Reißverschluß im Hosenschlitz** beschrieben, einnähen.
3. Kragen wie einen *normal gewendeten Kragen** annähen.
4. Ärmel-/Seitennähte schließen.
5. Jacke unten und an den Ärmeln umnähen*, eventuell mit Tunnel* für Gummiband.
6. Nähfrei-Druckknopf oben einschlagen oder Schlaufe und Knopf annähen.
7. Eventuell „Luftlöcher“ unter den Armen einschlagen. Verwenden Sie Schnürlöcher. Es gibt sie in kleinen Packungen in verschiedenen Größen.

Glaswels

Panzerhecht

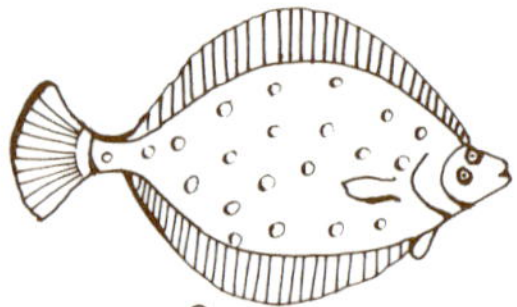

Scholle

Regenhut ☆

Das Kopfteil des Regenhuts ist mit Baumwollstoff gefüttert. Die Krempe wird aus doppeltem Wachstuch genäht.

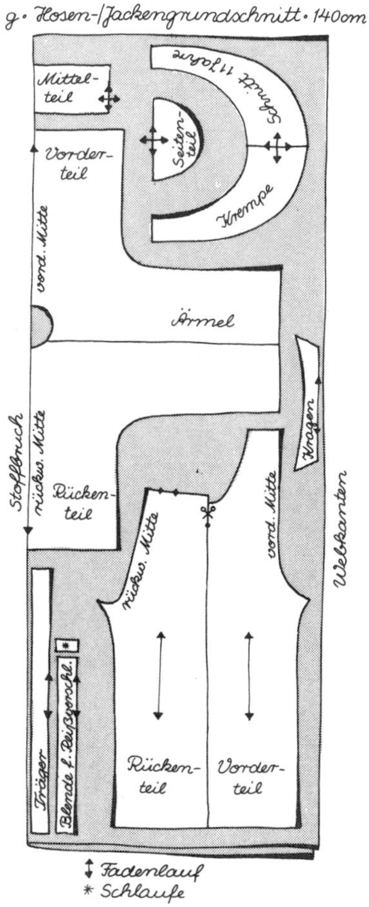

Arbeitsanleitung

1. Hut mit 1 cm Nahtzugabe* zuschneiden; die Krempe doppelt zuschneiden. Kopfteil einmal aus Baumwollstoff als Futter zuschneiden.
2. Kopfteile rechts auf rechts zusammennähen: Die Mitte der halbrunden Seitenteile und des Mittelteils markieren*. Mitte auf Mitte legen, feststecken und von hier aus in beide Richtungen zusammennähen. Eventuell Nahtzugabe feststeppen*. Futter auf dieselbe Weise zusammennähen und links auf links in den äußeren Kopfteil legen. Kanten mit Zickzack-Stichen* zusammennähen.
3. Die beiden Krempenteile, jedes für sich, an der vorderen Mitte zusammennähen und Nahtzugabe feststeppen. Die Teile an der Außenkante rechts auf rechts zusammennähen. Wenden und knappkantig* absteppen. Eventuell ein paar Ziernähte* nähen.
4. Vordere und rückwärtige Mitte des Kopfteils und der Krempe markieren. Rechts auf rechts zusammenstecken und zusammennähen. Schrägband* über die Nahtzugabe nähen.
5. Eventuell ein gefaltetes Schrägband auf jeder Seite als Bändchen annähen.

Stoffverbrauch	5 Jahre	7 Jahre	9 Jahre	11 Jahre
140 cm br.	200 cm	220 cm	240 cm	260 cm
teilbarer Reiß-verschluß	40 cm	45 cm	50 cm	55 cm

+ 5 m Schrägband • Schnallen • Gummiband •

Kampffisch

Jacke mit Gummizug in der Taille ☆☆☆

Die Jacke ist aus Cord genäht. Sie hat Patchworkärmel mit gebogener Kante, Applikation auf den Schultern und aufgesetzte Taschen. Das Modell ist mit Baumwollstoff gefüttert, kann aber auch für Herbst oder Winter mit einem Wollstoff gefüttert werden oder ein Zwischenfutter bekommen. Statt aus Patchwork können Sie die Ärmel aus einem Stück Stoff in einer abweichenden Farbe nähen oder aber aus demselben Stoff wie die Jacke und die Ärmelkante oben eventuell mit einem gemusterten Stoff einfassen.

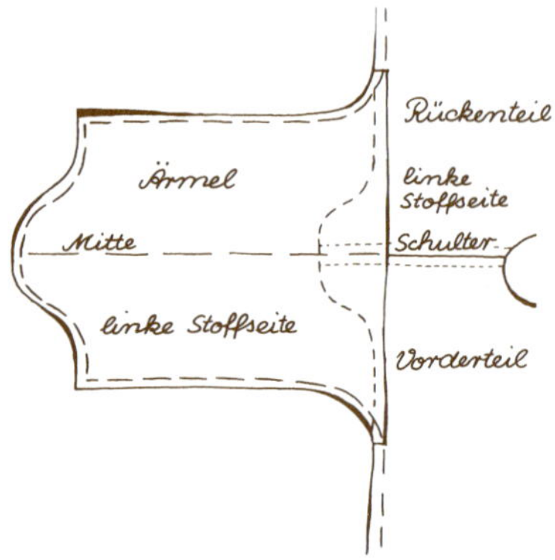

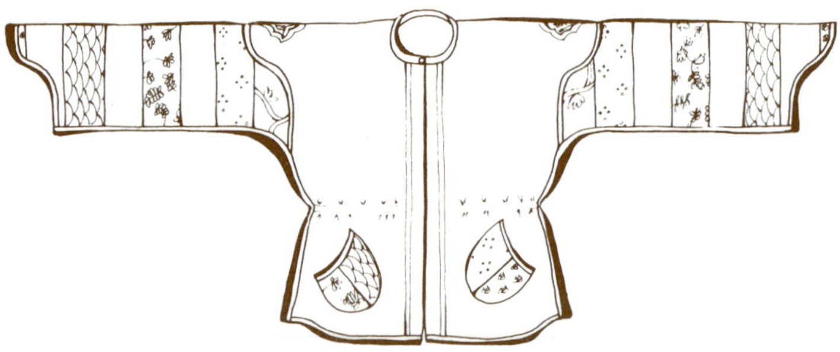

• siehe Foto Seite 48 •

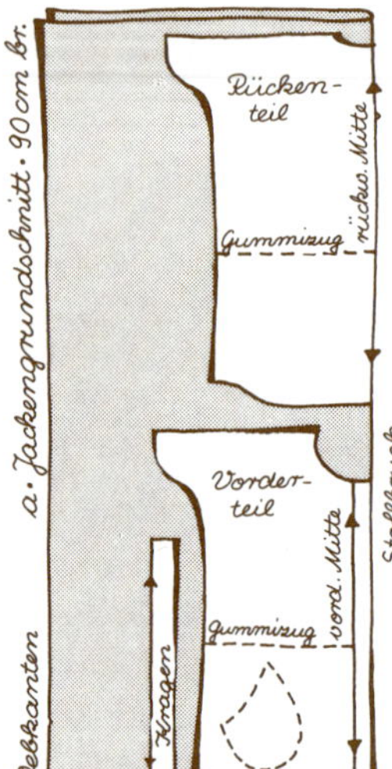

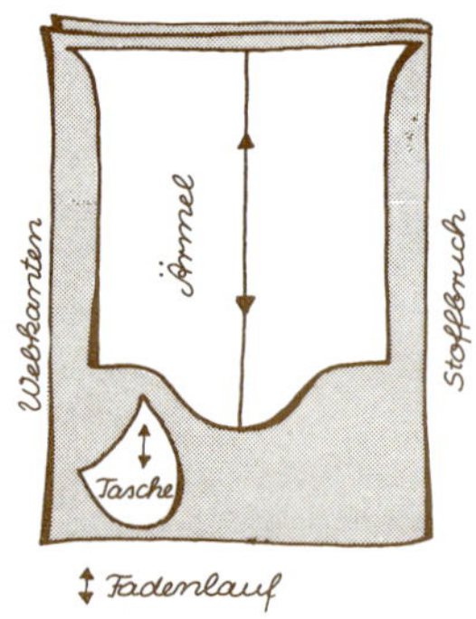

Arbeitsanleitung

1. Vorder- und Rückenteil des Außenstoffes zuschneiden. Für das Armloch und für unten ½ cm Nahtzugabe* und 1–2 cm für die Seiten, die Schultern, die vordere Mitte und die Taschen berechnen. Vordere Mitte, Sitz der Taschen, Taille und die Punkte unter den Armen in der Seitennaht markieren*. Die Patchworkärmel* sind aus 6 cm breiten Streifen genäht. 1 cm Nahtzugabe für die Seite und für oben berechnen, ½ cm für unten. Vorder- und Rückenteil des Futters wird an den Ärmeln von der Seite bis zur Schulter gerade statt gebogen geschnitten.
2. Schulternähte des Außenstoffes schließen. Nahtzugabe umbügeln. Armausschnitt von dem Punkt unter dem Arm des Vorderteils bis zu dem Punkt unter dem Arm des Rückenteils mit Schrägband* einfassen.
3. Mitte des Ärmels markieren. Jacke und Ärmel mit der linken Seite nach oben hinlegen. Mitte des Ärmels so auf die Schulternaht legen, daß der Ärmel 1 cm über die Kante der Jacke ragt (siehe Zeichnung). Feststecken und Ärmel von rechts in der Steppnaht des Schrägbandes feststeppen. Eventuell eine Kantnaht* an der anderen Seite des Schrägbandes nähen.
4. Schulternähte des Futters rechts auf rechts schließen und Ärmel einnähen. Dazu die Mitte des Ärmels markieren und rechts auf rechts auf die Schulternaht legen. Nähte bügeln. Außenstoff und Futter links auf links legen. Lagen sorgfältig glätten und rundum mit Zickzack-Stichen* zusammennähen.

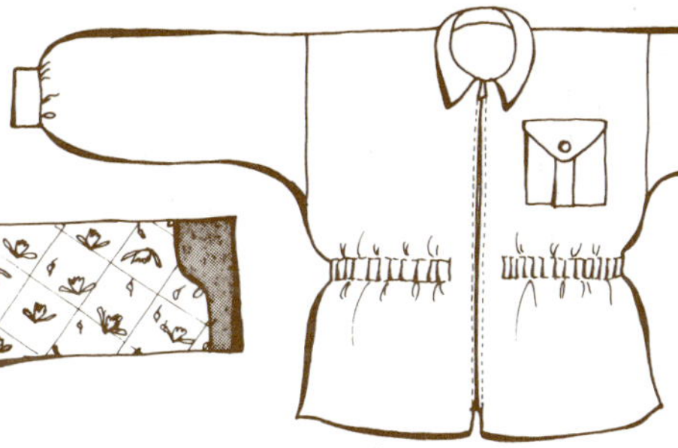

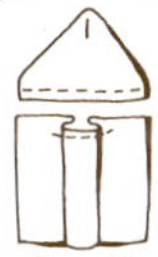

· Variation ·

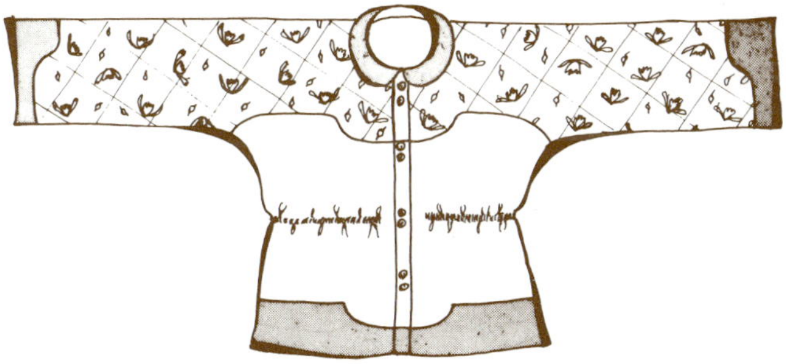

· Variation ·

5. Eventuell ein Zierband (z. B. ein gefaltetes Schrägband) entlang der vorderen Mitte, ca. 2 cm von der Kante entfernt, aufnähen.
6. Innen auf jeder Seite der Taillenmarkierung der Vorderteile und des Rückenteils ein Schrägband für Tunnel* annähen (Taillenhöhe nachprüfen). Achten Sie darauf, daß sich die Bänder an den Seiten und an der vorderen Mitte genau gegenübersitzen. 2 Gummibänder*, entsprechend der Taillenweite des Kindes, abmessen. Bänder teilen in $^1/_4$, $^1/_4$, $^1/_2$. Gummibänder durch die Tunnel ziehen und an allen Seiten festnähen.
7. Eventuell Applikationen* auf die Schultern nähen.
8. *Aufgesetzte Taschen** aus doppeltem Stoff nähen. Feststecken und aufnähen.
9. Ärmelkante und untere Kante des Vorder- und Rückenteils mit Schrägband einfassen.
10. Ärmel-/Seitennähte* links auf links zusammenstecken und schließen. Nähte geradeschneiden und Schrägband über die Nahtzugabe nähen.
11. Für den Stehkragen ein gerades Stück Stoff zuschneiden, 5 cm breit x Halsweite des Schnittmusters + Nahtzugabe. Den Stehkragen wie einen *normal gewendeten Stehkragen** nähen. Fertige Breite 2 $^1/_2$ cm.
12. An der vorderen Mitte teilbaren Reißverschluß* einnähen. Oben Schlaufe* und Knopf annähen.

Stoffverbrauch	5 Jahre	7 Jahre	9 Jahre	11 Jahre
Vorder- und Rückenteil				
90 cm br.	110 cm	115 cm	120 cm	125 cm
140 cm br.	55 cm	60 cm	60 cm	65 cm
Ärmel				
90/140 cm br.	50 cm	55 cm	60 cm	65 cm
teilbarer Reiß-verschluß	35 cm	40 cm	45 cm	50 cm

+ 550 cm Schrägband · Gummiband · Futter ·

Jacke mit Patchwork-kanten ☆☆

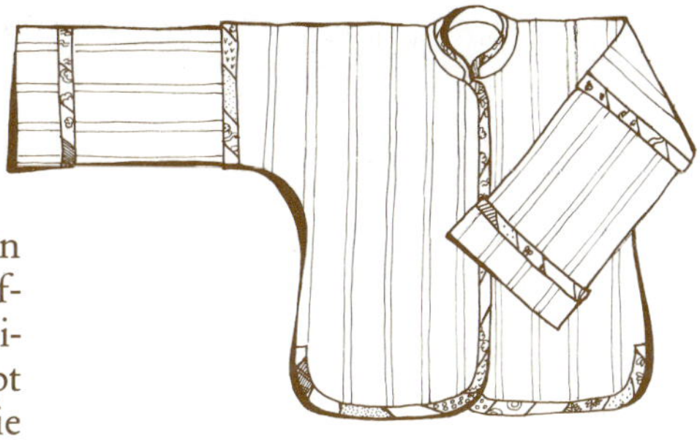

Die Jacke ist vom Schnitt her ziemlich einfach. Sie hat in der Seitennaht Taschen, die Sie aber auch gegen aufgesetzte Taschen austauschen können. Sie ist aus einfarbigem Baumwollstoff genäht, in Doppelstreifen abgesteppt und mit Patchworkkanten* eingefaßt. Sie können die Jacke auch aus gemustertem Stoff mit einfarbigen Aufschlägen und Kanten nähen. Dieses Modell ist mit einer Lage Zwischenfutter gearbeitet und dient so als Frühjahrs- und Herbstjacke. Als Winterjacke näht man sie aus festerem Stoff und mit 1 1/2–2 Lagen Zwischenfutter. Sie können sie auch aus fertig gekauftem Steppstoff nähen.

Mustersteppereі

Mustersteppereі

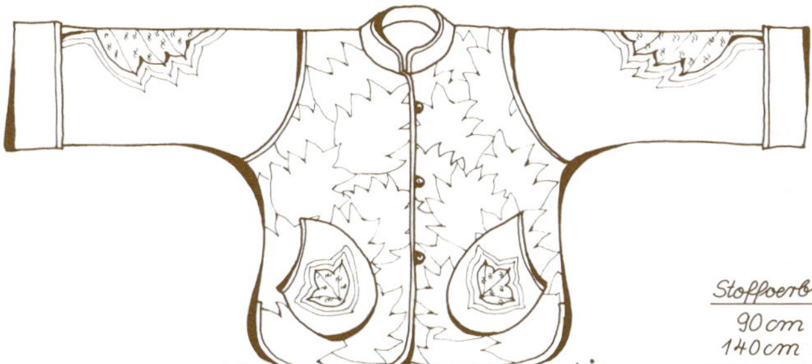

Variation m. Blätterstepperei

Stoffverbrauch	5 Jahre	7 Jahre	9 Jahre	11 Jahre
90 cm br.	145 cm	150 cm	165 cm	180 cm
140 cm br.	90 cm	105 cm	110 cm	120 cm

+ 450 cm Schrägband • 450 cm Schrägstreifen • Futter und Zwischenfutter •

Arbeitsanleitung

1. Außenstoff mit 1/2 cm Nahtzugabe* für die Außenkanten, 1 cm für die Halskante und 1–2 cm für die Schultern und die Seite zuschneiden. Taschen nur aus dem Außenstoff zuschneiden. Futter und Zwischenfutter wie unter Ziersteppereі* beschrieben zuschneiden.
2. Vorderteile, Rückenteil und Ärmel mit Ziersteppereі versehen, eventuell zuerst mit 4 cm Zwischenraum, dann steppfußbreit (siehe S. 117) absteppen.
3. Vorder- und Rückenteil an den Schultern rechts auf rechts zusammennähen und Schrägband* über die Nahtzugabe nähen.
4. Die Ärmelkante des Vorder- und Rückenteils einfassen (eventuell mit Patchworkstreifen). Obere Kante des Ärmels mit Schrägband einfassen und Ärmel einnähen. Siehe hierzu *Jacke mit Gummizug in der Taille* (S. 46, Punkt 3).
5. *Stehkragen, mit Schrägband eingefaßt**, annähen.
6. Schrägband an den Taschen über die Schnittkante des Futters nähen. Ärmel-/Seitennähte* und Tasche* rechts auf rechts bis Anfang des Schlitzes zusammennähen. Schrägband über die Nahtzugabe nähen.
7. Jacke rundum und an den Ärmeln einfassen.
8. Knöpfe und Schlaufen* so annähen, daß die Vorderteile 4 cm übereinanderragen.

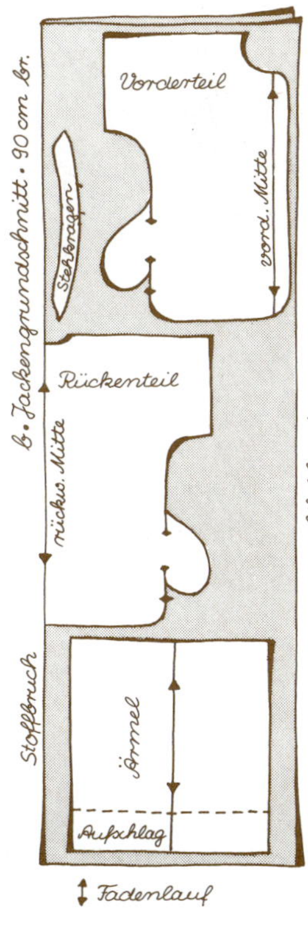

Chinesenjacke ☆☆/☆☆☆

Die Jacke hat Ziersteppereiin Karoform, die den Linien des Stoffmusters folgt. Sie hat Ziernähte an allen Kanten. Mit einer einfacheren Art der Ziersteppereioder mit fertigem Steppstoff ist die Jacke sehr viel einfacher zu nähen. Sie hat vorne, an den Seiten und an den Ärmeln, die Aufschläge haben, einen Schlitz. Die Jacke wird mit Knotenknöpfen geschlossen. Nur das äußere Vorderteil ist mit einer schrägen Klappe versehen. Für eine Sommerjacke verwenden Sie die innere Nahtlinie des Jackenmusters und eine dünne Lage Zwischenfutter. Für den Herbst verlängern Sie sie eventuell. Sie brauchen jedenfalls die äußere Nahtlinie und eine dickere Lage Zwischenfutter.

Stoffverbrauch	5 Jahre	7 Jahre	9 Jahre	11 Jahre
90cm br.	140cm	150cm	160cm	170cm
140cm br.	90cm	100cm	110cm	115cm

+ 8 m Schrägband • Futter und Zwischenfutter •

· Variation ·

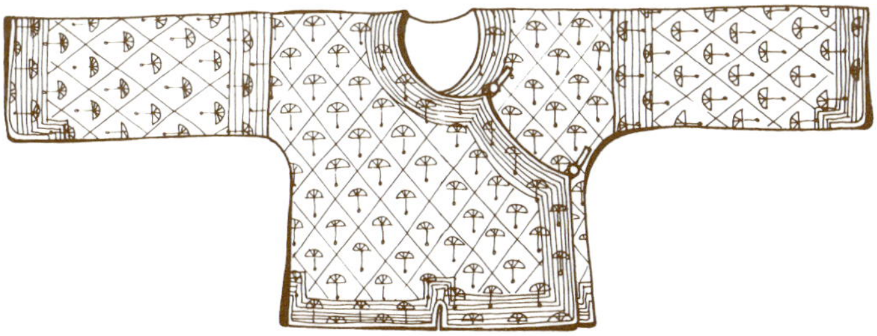

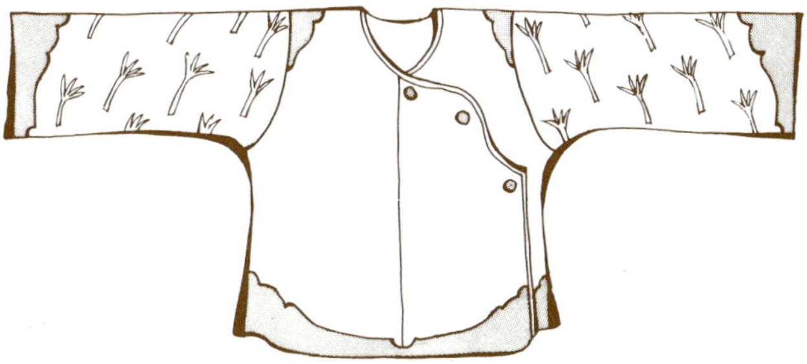

· Variation cc ·

c. Jackengrundschnitt · 140 cm br.

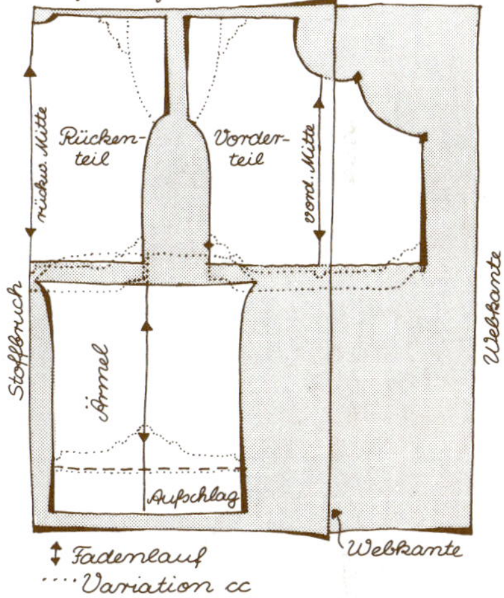

Arbeitsanleitung

1. Außenstoff der Jacke mit 1/2 cm Nahtzugabe* für alle Außenkanten und Schlitze, die auf dem Schnitt markiert sind, und 1–2 cm für alle übrigen Kanten zuschneiden. Futter und Zwischenfutter, wie unter Ziersteppererei* beschrieben, zuschneiden. Sie können das äußere Vorderteil auch an der vorderen Mitte teilen und getrennt zuschneiden. Bevor Sie mit der Ziersteppererei beginnen, zusammennähen.
2. Wollen Sie die Jacke so absteppen wie auf dem Foto, zeichnen Sie mit Kreide jeweils eine Linie, 5 cm von der Oberkante der Ärmel, der vorderen und unteren Kante der Jacke und von der unteren Kante der Ärmel. Beiderseits der Schlitze ist die Linie mit 2 1/2 cm Abstand zu zeichnen (siehe Zeichnung). Steppen Sie zuerst das Rautenmuster innerhalb der gezeichneten Linien an den Ärmeln, an den Vorderteilen und am Rückenteil, dann die Ziernähte an der oberen Kante der Ärmel. Ziernähte entlang den restlichen Außenkanten erst dann steppen, wenn Sie die Jacke zusammengenäht haben.
3. Vorder- und Rückenteil an den Schultern rechts auf rechts zusammennähen. Nahtzugabe feststeppen* oder Schrägband* über die Nahtzugabe nähen.
4. Ärmel einnähen, wie beim *Hemd* (S. 6) unter Punkt 5 beschrieben.
5. Ärmel-/Seitennähte* bis zum Schlitz schließen. Nahtzugabe feststeppen oder Schrägband über die Nahtzugabe nähen.
6. Ziernähte entlang der Kante in Steppfußabstand nähen.
7. Jacke rundum und an den Ärmeln mit Schrägband* einfassen. Schrägband eventuell knappkantig* absteppen.
8. Schlaufe* und Holz- oder Knotenknöpfe* annähen.

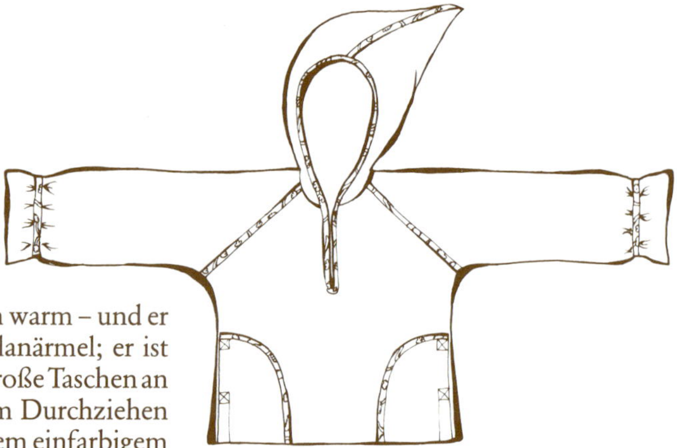

• siehe Foto Seite 50 •

Anorak ☆☆

An kühlen Tagen ist ein Anorak angenehm warm – und er sieht hübsch aus. Dieser Anorak hat Raglanärmel; er ist auch weit genug für einen Pullover. Er hat große Taschen an den Seiten und einen äußeren Tunnel zum Durchziehen einer Schnur an den Ärmeln. Er ist aus festem einfarbigem Baumwollstoff genäht und mit einem geblümten Schrägstreifen eingefaßt. Sie können ihn auch aus Cord, Inlett, Popelin oder ähnlichem nähen. Möchten Sie den Anorak vollkommen winddicht haben, nähen Sie auch unten einen Tunnel und ziehen eine Schnur durch. Sie können auch einen Reißverschluß im Halsschlitz einnähen und an den Ärmeln statt der Schnur einen Windfang* einsetzen.

Stoffverbrauch	5 Jahre	7 Jahre	9 Jahre	11 Jahre
90 cm br.	170 cm	190 cm	220 cm	260 cm
140 cm br.	115 cm	125 cm	140 cm	165 cm

+ 520 cm Schrägstreifen

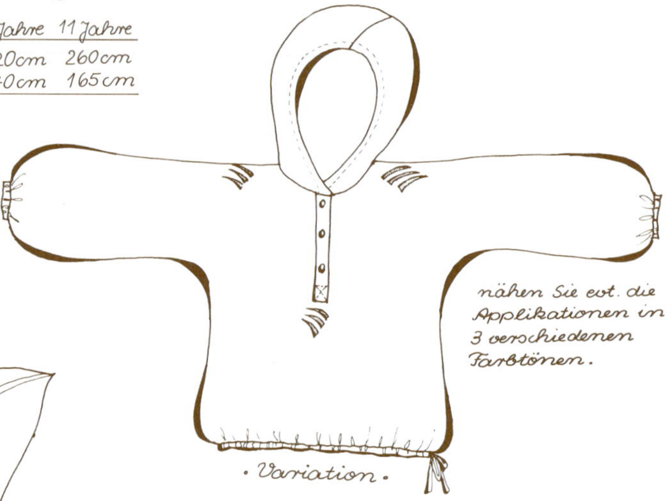

nähen Sie evt. die Applikationen in 3 verschiedenen Farbtönen.

• Variation •

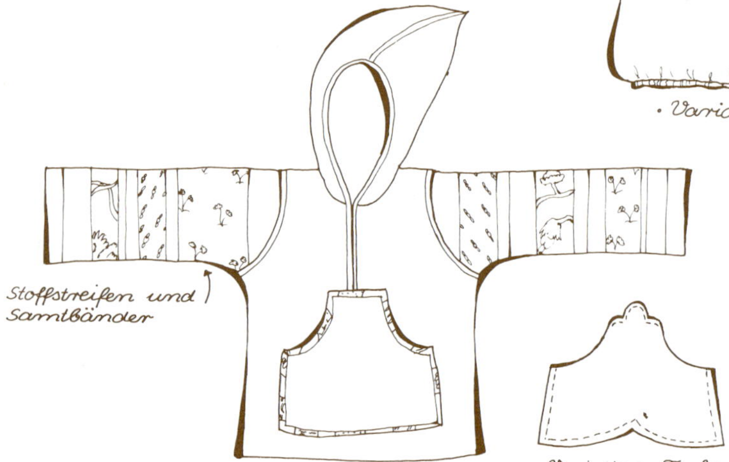

• Variation •

• Variation • Tasche •

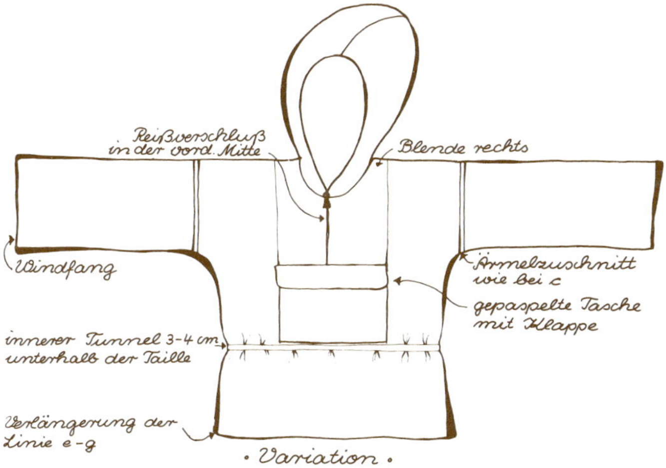

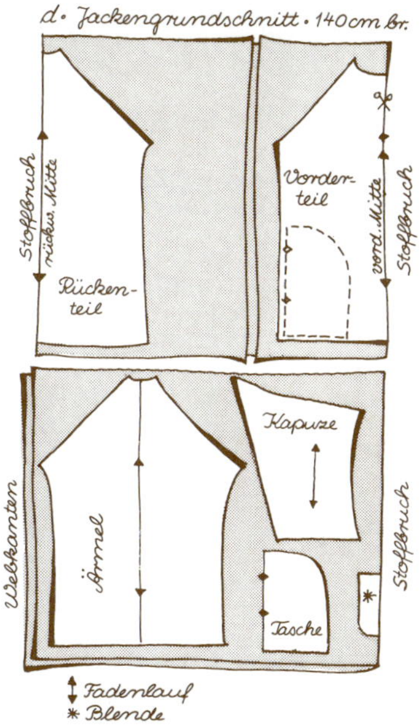

Arbeitsanleitung

1. Teile mit 1/2 cm Nahtzugabe* für die Vorderkante der Kapuze und für den Bogen der Taschen zuschneiden. Für alle Kanten, die zusammengenäht werden, und für den Boden der Tasche 1–2 cm Nahtzugabe berechnen. Für unten, für die Ärmel und für die Seite der Tasche 3 cm. Rückwärtige Mitte und Schlitz an der vorderen Mitte markieren*. Schlitzblende* zuschneiden, 10 cm breit und 5 cm länger als der Schlitz.
2. Alle Kanten versäubern*.
3. Ärmel links auf links einnähen, längere Seite an das Rückenteil nähen, kürzere an das Vorderteil. Schrägstreifen*/Schrägband* über die Nahtzugabe nähen.
4. Kapuze links auf links zusammennähen. Schrägstreifen/Schrägband über die Nahtzugabe nähen.
5. Mitte der Blende links auf die Schlitzmarkierung der linken Seite des Vorderteils legen. Darauf achten, daß die Halskanten gleich hoch sind. Eine Naht außerhalb der Schlitzmarkierung auf beiden Seiten nähen. Durch beide Lagen Schlitz aufschneiden.
6. Kapuze rechts auf rechts annähen und Schrägband über die Nahtzugabe nähen. Vorderkante der Kapuze und Schlitz einfassen.
7. Außen auf dem Ärmel, 6 cm von der unteren Kante, einen Schrägstreifen für Tunnel* aufnähen. Die Enden 2 cm von der Seitennaht so einschlagen, daß sie für das Bändchen offen sind.
8. Ärmel-/Seitennähte* rechts auf rechts schließen.
9. Anorak unten und an den Ärmeln umnähen*.
10. Die gebogenen Kanten der Taschen mit Schrägstreifen einfassen. Unten und an der Seite die Nahtzugabe einschlagen, feststecken und die Tasche aufnähen (siehe Zeichnung).
11. Bändchen, eventuell einen gefalteten Schrägstreifen, durch den Tunnel der Ärmel ziehen.

Jacke mit Strickbündchen ☆☆☆

Die Jacke trägt sich sehr angenehm, da sie viel Bewegungsfreiheit läßt. Sie hat gepaspelte Taschen, Reißverschluß sowie Strickbündchen am Handgelenk und in der Taille. Strickbündchen (aus Wolle lassen sie sich am besten dehnen) können Sie entweder selber stricken oder in Stoffgeschäften fertig kaufen.

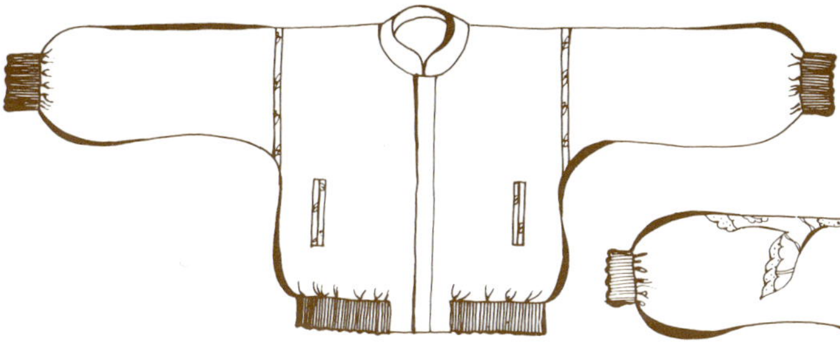

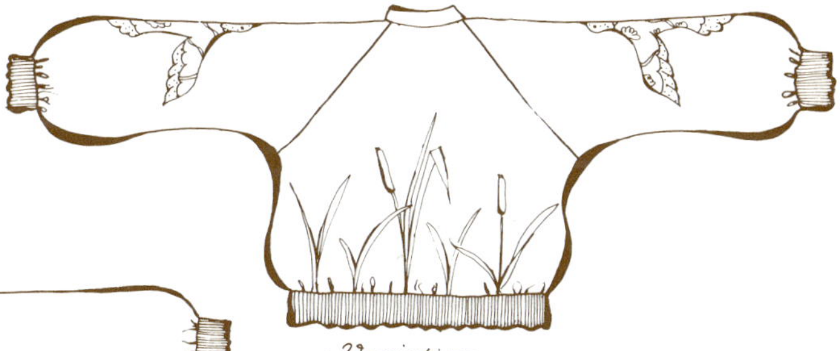

· Variation ·

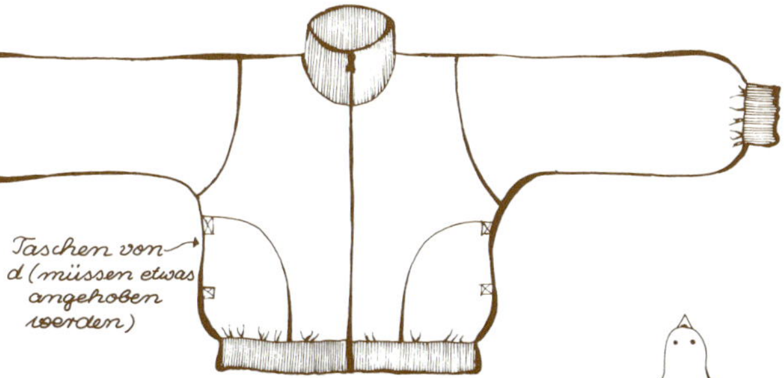

· Variation jj ·

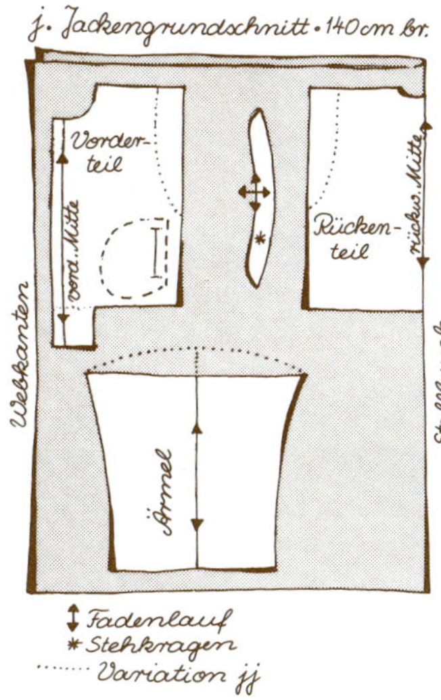

Arbeitsanleitung

1. Außen- und Futterstoff mit $^1/_2$ cm Nahtzugabe* für das Armloch, 1 cm für die Halskante und 1–2 cm für alle übrigen Kanten zuschneiden. Vordere Mitte, rückwärtige Mitte und Taschenöffnungen markieren*. Taschenpaspel und -beutel (siehe S. 102) zuschneiden. Die Strickbündchen für Handgelenk und Taille sollen, wenn sie ganz gedehnt sind, so lang wie die Kanten des Stoffes und 15 cm breit sein, da sie doppelt gelegt werden (fertige Breite 7 $^1/_2$ cm).
2. Vorne gepaspelte* oder aufgesetzte* Taschen nähen. Auf dem Schnittmusterbogen sind die gepaspelten Taschen gerade eingezeichnet. Wenn Sie sie schräg nähen wollen, wie auf dem Foto, müssen Sie sie ein wenig drehen und etwas höher anbringen.
3. Schulternähte des Außenstoffes rechts auf rechts schließen und Armausschnitte einfassen. Ärmel einnähen, wie bei der *Jacke mit Gummizug in der Taille* (S.46), Punkt 3, beschrieben. Ärmel-/Seitennähte* rechts auf rechts schließen.
4. Futter rechts auf rechts zusammennähen. Eventuell eine Innentasche auf ein Vorderteil des Futters nähen (siehe *aufgesetzte Tasche**).

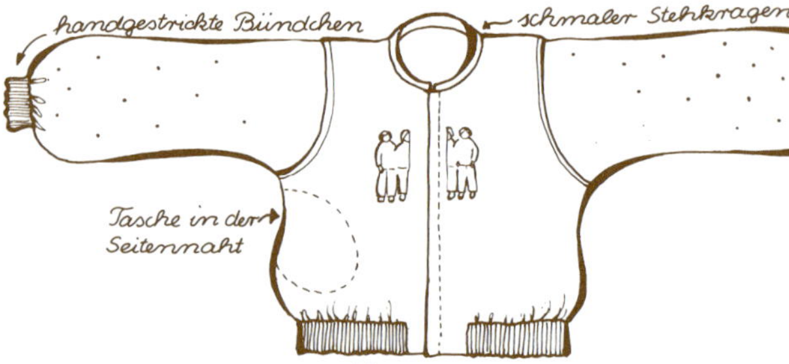

· Variation ·

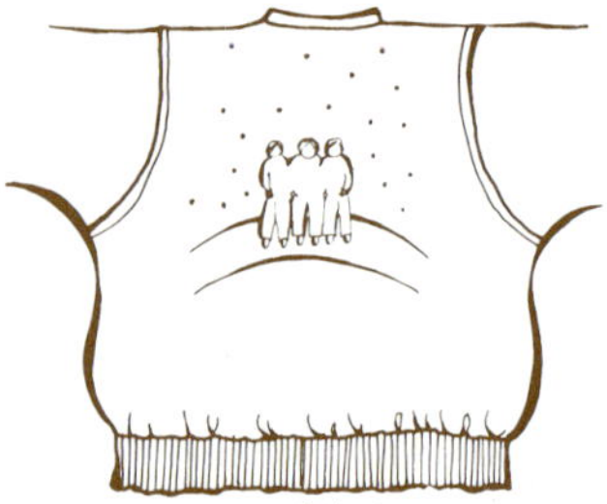

· von hinten ·

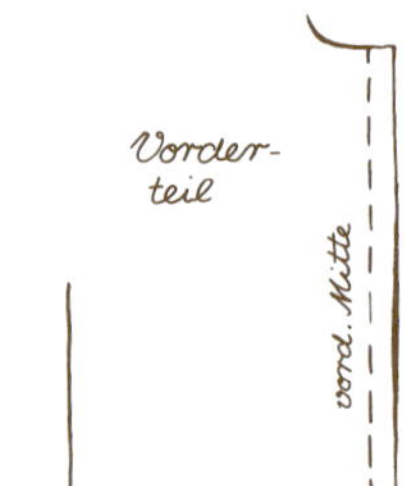

5. Vorderkanten der Außen- und der Futterjacke rechts auf rechts aufeinanderlegen und zusammennähen. Bei vordere Mitte am Hals beginnen und entlang den Vorderkanten und dem kleinen waagerechten Stück unten nähen.
6. Das untere Strickbündchen zusammenfalten ($7\,^1/_2$ cm) und mit Zickzack-Stichen* zusammennähen, dabei gedehnt halten. Eventuell noch auf die Länge der Stoffkante (Umfang der Jacke unten) zuschneiden. Zacken in die Ecken des Stoffes schneiden (siehe Zeichnung) und an beiden Seiten die Nahtzugabe des kurzen Stückes nach links bügeln. Rückwärtige Mitte der Jacke und des Strickbündchens markieren und das Bündchen zwischen die rechten Seiten des Futters und des Außenstoffes legen. Feststecken, heften und alle drei Lagen zusammennähen.
7. Auf dieselbe Weise die Strickbündchen für das Handgelenk abmessen. An den Enden zusammennähen, so daß ein Schlauch entsteht. Strickbündchen links auf links falten, an den Kanten mit Zickzack-Stichen zusammennähen, während Sie sie ganz gedehnt halten.
8. An der Kante des Außenstoffes rechts auf dem Ärmel feststecken, heften und annähen. Jacke auf rechts wenden. Futter mit Schlingstichen* von Hand an der Ärmelkante festnähen.
9. Die kurzen Enden des Strickbündchens unten zwischen die gebügelten Nahtzugaben stecken und mit der Hand festnähen.
10. Stehkragen wie einen *normal gewendeten Stehkragen** nähen.
11. Rundum ein- oder zweimal knappkantig* absteppen.
12. *Teilbaren Reißverschluß** einnähen, höchstens 2 cm von der Kante, wie unter *Reißverschluß im Hosenschlitz** beschrieben.

Stoffverbrauch	5 Jahre	7 Jahre	9 Jahre	11 Jahre
90 cm br.	130 cm	140 cm	150 cm	160 cm
140 cm br.	85 cm	95 cm	105 cm	115 cm
teilbarer Reißverschluß	35 cm	35 cm	40 cm	45 cm

Strickbündchen, die gedehnt der Länge der Kante entsprechen · 15 cm breit + Futter ·
bei 90 cm br. mit einer Naht in der rückw. Mitte zuschneiden.

Schirmmütze ☆

· siehe Foto Seite 33 und 54 ·

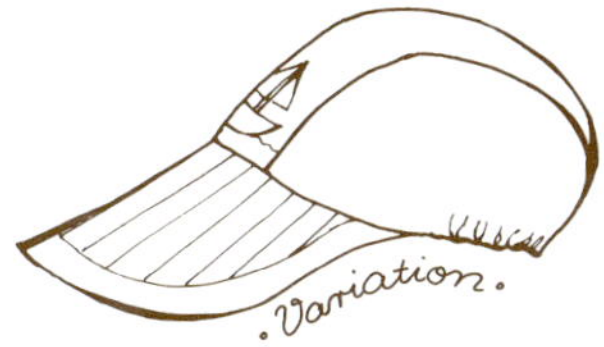

Die Mütze hat vorne einen großen Schirm und hinten einen Gummizug. Daher sitzt sie gut und paßt lange. Sie ist schnell und einfach zu nähen. Den Schnitt gibt es in zwei Größen: für einen Kopfumfang von 51–53 cm und 55–57 cm.

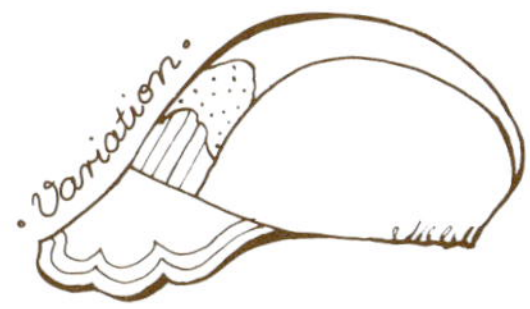

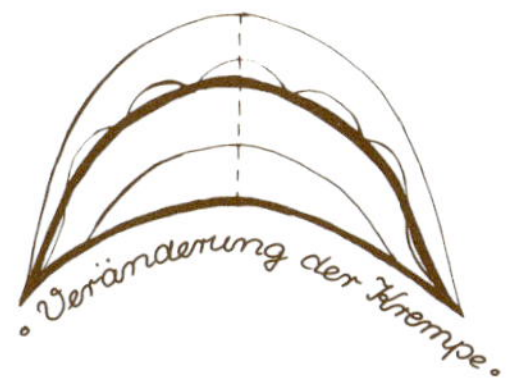

Arbeitsanleitung

1. Schirmmütze mit 1 cm Nahtzugabe* zuschneiden. Schirm aus doppeltem Stoff zuschneiden. Vordere Mitte des Schirms und des Mittelteils markieren*.
2. Schirm rechts auf rechts zusammennähen, wenden, knappkantig* absteppen und 7–8 Ziernähte (steppfußbreit) – an der Kante beginnen – nähen.
3. Mitte der halbrunden Seitenteile und des Mittelteils markieren. Rechts auf rechts so zusammenstecken, daß die Teile an der Mitte und an den Seiten aufeinanderpassen. Zusammennähen und Nahtzugabe feststeppen*.
4. Schirm rechts auf rechts am Kopfteil feststecken, vordere Mitte auf vordere Mitte, und annähen.
5. An der Kante des Kopfteils rechts auf rechts ein Schrägband* annähen. Schrägband so nach links umlegen, daß die Nahtzugabe verdeckt ist und ein Tunnel entsteht. Auf jeder Seite der hinteren 24/26 cm eine Öffnung (siehe S. 93, Abb. 14 h) für den Gummizug lassen. 12/14 cm langen Gummizug durchziehen und an den Öffnungen festnähen.

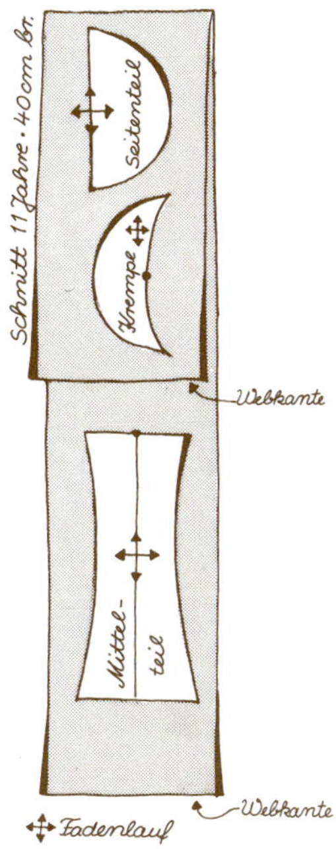

Stoffverbrauch	alle Größen
90 cm br.	30 cm
140 cm br.	20 cm

+ 60 cm Schrägband

Winterjacke ☆☆☆

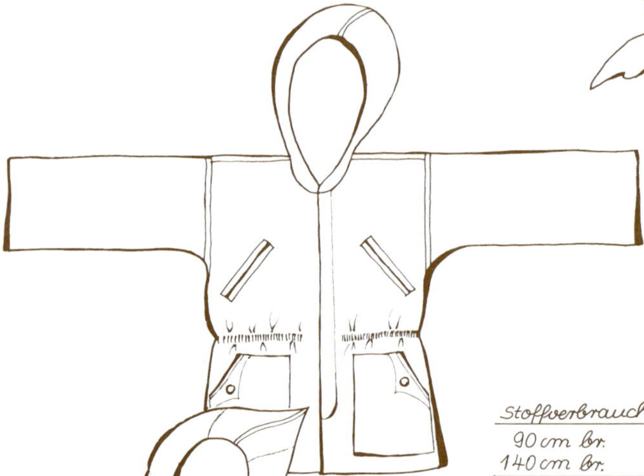

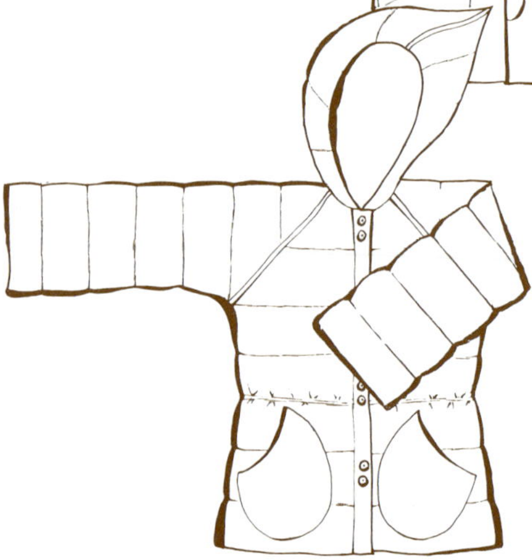

· Variation ·

Stoffverbrauch	5 Jahre	7 Jahre	9 Jahre	11 Jahre
90 cm br.	195 cm	220 cm	240 cm	260 cm
140 cm br.	100 cm	120 cm	130 cm	160 cm
teilbarer Reiß-verschluß	45 cm	50 cm	55 cm	60 cm

+ Futter und Zwischenfutter

Die Jacke mit Kapuze und Taschen ist aus festem Cord genäht. Sie ist ziemlich lang und hat einen Gummizug in der Taille. Als Futter dienen $1\frac{1}{2}$ Lagen Zwischenfutter; dieses wird in einem Abstand von 10 cm abgesteppt. Wenn Sie fertig gestepptes Futter verwenden, können Sie noch $\frac{1}{2}$ Lage Zwischenfutter zusätzlich dazwischenlegen. Sie können die Jacke auch mit einem Wollfutter abfüttern. Statt Cord können Sie sie aus einem festen Leinenstoff oder aus Möbelvelour nähen. Die Jacke sieht auch nett aus, wenn Sie sie ganz absteppen. Nähen Sie eventuell einen gestrickten Windfang* in die Ärmel, oder machen Sie nur in den Rücken einen Gummizug.

Arbeitsanleitung

1. Außenstoff der Jacke mit 3 cm Nahtzugabe* für unten und für die untere Kante der Ärmel und 1–2 cm für alle übrigen Kanten zuschneiden. Vordere Mitte, rückwärtige Mitte, Taille und Taschen markieren*. Blende* für die linke Vorderkante zuschneiden, Länge der Kante x 6 cm + Nahtzugabe. Eventuell Futter absteppen* (siehe S. 121) und zuschneiden wie den Außenstoff. Die Vorderkanten nur bis zur vorderen Mitte zuschneiden.
2. Auf der Brust *gepaspelte Taschen** nähen. Eventuell einen Reißverschluß* in die Taschenöffnung einnähen, bevor der Taschenbeutel angenäht wird.
3. Schulternähte des Außenstoffes rechts auf rechts schließen und eventuell Schrägband* oder ein anderes Band über die Nahtzugabe nähen. Ärmel einnähen, wie beim *Hemd* (S. 6), Punkt 5, beschrieben. Eventuell ein Band über die Nahtzugabe nähen. Ärmel-/Seitennähte* schließen.
4. Futter zusammennähen und Nahtzugabe feststeppen. Futter in die Außenjacke links auf links stecken und an den Kanten feststecken.
5. Außenkapuze und Futterkapuze, jede für sich, rechts auf rechts zusammennähen. Eventuell ein Band über die Naht der Außenkapuze nähen. Kapuzen rechts auf rechts aufeinanderlegen, an der Vorderkante Mittelnaht auf Mittelnaht. Vorderkanten zusammennähen, auf jeder Seite unten $1\,^1/_2$ cm für Bändchen* offenlassen. Nahtzugabe an den Öffnungen auseinanderlegen und um die Öffnungen herum steppen. Futterkapuze in die Außenkapuze stecken und $1\,^1/_2$ cm von der Kante eine Steppnaht nähen; es entsteht ein Tunnel*. 2 cm von der Halskante beginnen und auf der anderen Seite ebenso enden.
6. Außenkapuze an der Jacke feststecken; Mittelnaht auf die rückwärtige Mitte und Vorderkante auf die vordere Mitte der beiden Vorderteile. Heften und feststeppen. Nahtzugabe der Futterkapuze so einschlagen, daß die Nahtzugabe der Kapuze verdeckt ist, feststecken und mit Schlingstichen* festnähen.
7. Taillenhöhe nachprüfen. Futter und Außenstoff in der Taille sorgfältig zusammenstecken und durch beide Lagen einen Tunnel direkt unterhalb der Taillenlinie, 3–4 mm breiter als das Gummiband, nähen. 7 cm von der vorderen Mitte beginnen und auch enden.
8. Gummiband durch den Tunnel ziehen, eventuell mit Hilfe eines langen dünnen Stockes, an dem das eine Ende des Gummibandes mit einem Gummifaden befestigt ist. Achten Sie darauf, daß das Gummiband ganz glatt liegt, bevor Sie die Enden festnähen.
9. Blende an der linken Vorderkante und an der Halskante rechts auf rechts festnähen. Auf rechts wenden und knappkantig* absteppen. Blende mit Schlingstichen* an das Futter nähen.
10. Rechte Seite – 1 cm links von der vorderen Mitte – einschlagen. Kante mit Schlingstichen am Futter festnähen. Teilbaren Reißverschluß wie einen *Reißverschluß im Hosenschlitz** einnähen.
11. Jacke unten und an den Ärmeln umnähen*. Nahtzugabe der Außenjacke und der Futterjacke gegeneinander einschlagen. Feststecken und die Lagen mit kleinen Schlingstichen zusammennähen.
12. *Aufgesetzte Taschen** aus doppeltem Stoff nähen.
13. Eventuell Druckknöpfe an der Vorderkante in der Taille und am Hals annähen. Bändchen durch den Tunnel der Kapuze ziehen.

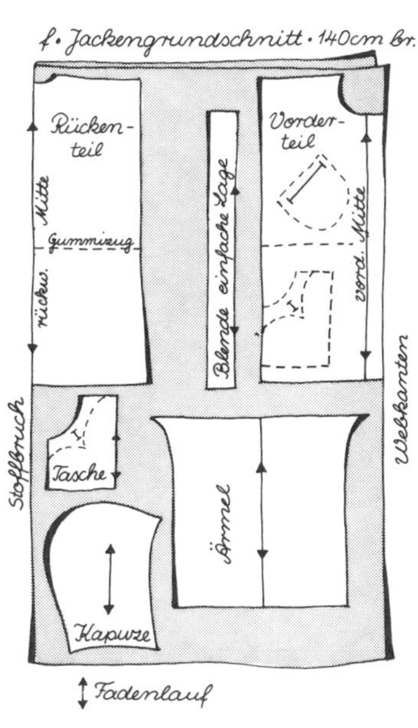

Jacke mit schrägem Verschluß und Applikationen ☆☆/☆☆☆

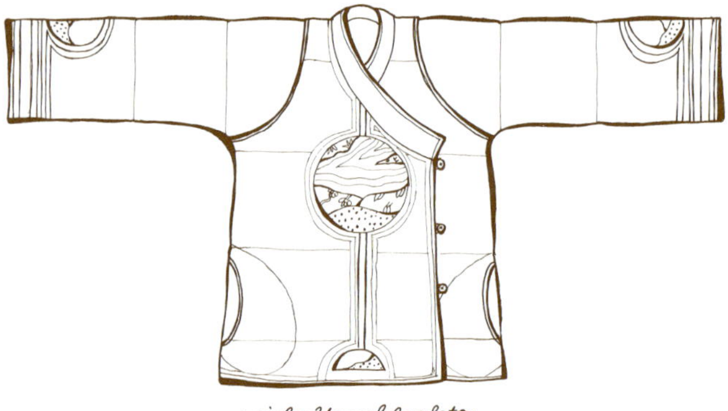

• siehe Umschlagfoto •

Die Jacke ist aus festem Baumwollstoff genäht und mit waagerechten Nähten abgesteppt. Verziert wird sie noch mit runden Applikationen, Bändern, Litzen und Ziernähten. Sie ist lang, hat Taschen in den Seiten sowie einen schrägen Verschluß, der die Brust schön warmhält. Wenn das Kind die Jacke mit Gürtel tragen soll, können Sie diesen aus demselben Stoff wie die Jacke nähen. Ohne Verzierungen ist diese Jacke viel einfacher zu arbeiten – und sie wirkt auch so schlicht sehr schön.

e • Jackengrundschnitt • 140 cm br.

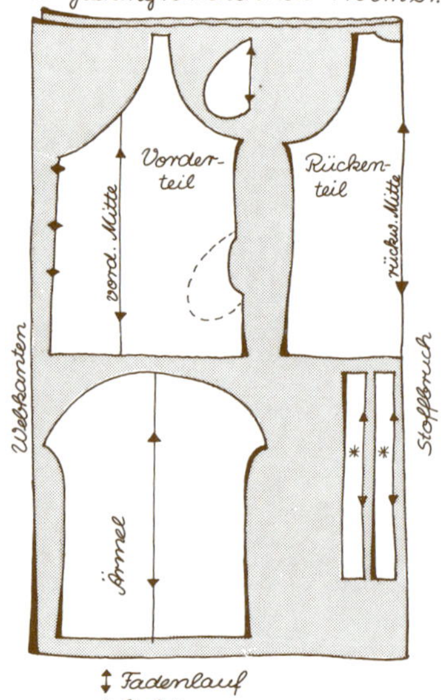

↕ Fadenlauf
* Stehkragen

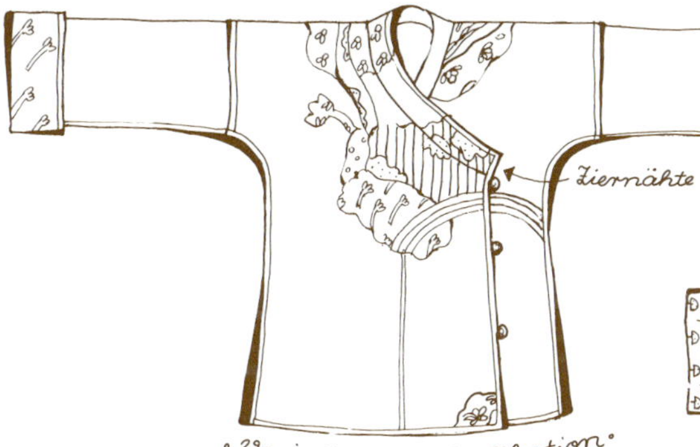

· Variation mit Applikation ·

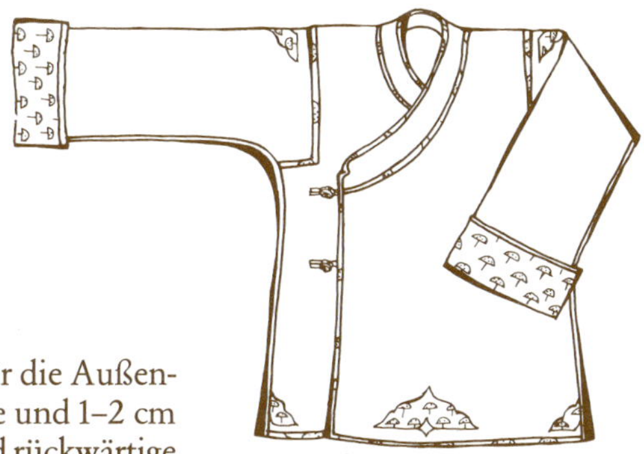

· Variation ·

Arbeitsanleitung

1. Außenstoff der Jacke mit 1/2 cm Nahtzugabe* für die Außenkanten und das Armloch, 1 cm für die Halskante und 1–2 cm für alle übrigen Kanten zuschneiden. Vordere und rückwärtige Mitte markieren*. Auf dem Schnitt die Halskante nachmessen und ein Kragenteil, entsprechend der Länge der Kante, zuschneiden: aus doppeltem Stoff und 4–5 cm breit. Taschenbeutel aus dem Außenstoff zuschneiden. Futter und Zwischenfutter, wie unter *Ziersteppereι** beschrieben, zuschneiden.
2. Die einzelnen Teile mit Ziersteppereι* versehen, z. B. mit waagerechten Nähten in einem Abstand von 12–14 cm. Eventuell Applikationen* und Ziernähte* anbringen.
3. Schulternähte rechts auf rechts schließen. Schrägband* über die Nahtzugabe nähen.
4. Armausschnitt der Jacke mit Schrägband einfassen* und eventuell eine Litze zur Verzierung* aufnähen. Obere Kante der Ärmel einfassen und Ärmel einnähen (siehe *Jacke mit Gummizug in der Taille*, S. 46, Punkt 3).
5. Kragen wie einen *Stehkragen, mit Schrägband eingefaßt**, annähen.
6. Taschenöffnung mit Schrägband einfassen. Taschenbeutel versäubern*, auf der linken Seite des Vorderteils so feststecken, daß er an der Seite paßt, dann festnähen.
7. Ärmel-/Seitennähte* rechts auf rechts schließen. Schrägband über die Nahtzugabe nähen.
8. Jacke mit Schrägband einfassen und eventuell Litzen entlang der Kante aufnähen.
9. Knöpfe und Schlaufen* annähen.

Stoffverbrauch	5 Jahre	7 Jahre	9 Jahre	11 Jahre
90 cm br.	170 cm	180 cm	190 cm	270 cm
140 cm br.	110 cm	120 cm	135 cm	205 cm

+ 6–8 m Schrägband · Futter und Zwischenfutter

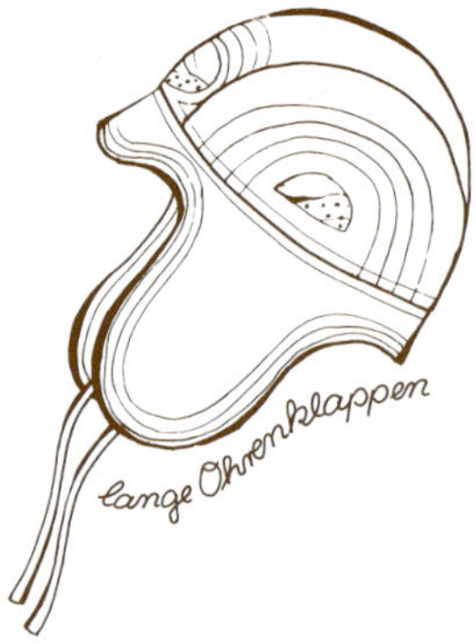

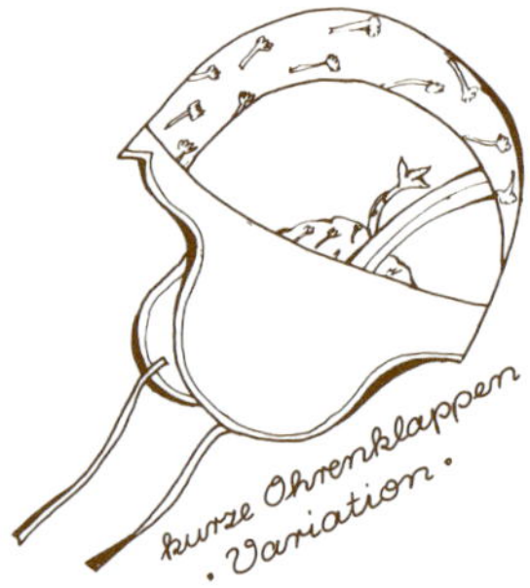

Mütze ☆

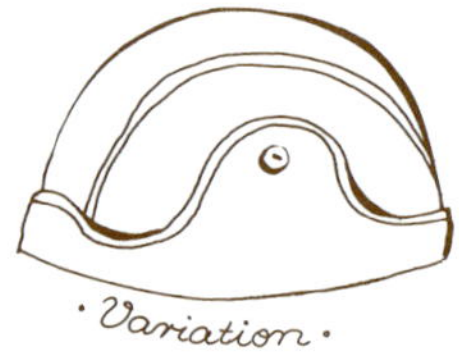

Die Mütze gibt schön warm und schließt fest um den Kopf. Nähen Sie sie aus Steppstoff oder einem festen Stoff mit Futter, eventuell sogar mit einem Rest Pelz als Futter. Es bieten sich viele Möglichkeiten der Verzierung, z. B. Applikationen, Ziernähte oder Einfassen der Außennähte mit Schrägband. Den Schnitt gibt es in vier Größen: für die Kopfumfänge 51 cm, 53 cm, 55 cm und 57 cm.

Arbeitsanleitung

1. Mütze mit 1/2 cm Nahtzugabe* für die Außenkanten und 1 cm für die übrigen Kanten zuschneiden.
2. Die einzelnen Teile mit Ziersteppererei* oder anderen Verzierungen* versehen.
3. Mitte der halbrunden Seitenteile und des Mittelteils markieren*. Teile rechts auf rechts zusammenstecken; Mitte auf Mitte und Seite auf Seite. Zusammennähen und Schrägband* über die Nahtzugabe nähen.
4. Ohrenklappen an der rückwärtigen Mitte zusammennähen. Schrägband über die Nahtzugabe nähen. Vordere Mitte und rückwärtige Mitte der Ohrenklappen und des Kopfteils markieren. Ohrenklappen und Kopfteil rechts auf rechts zusammenstecken und zusammennähen. Schrägband über die Nahtzugabe nähen.
5. Ohrenklappen mit Schrägband einfassen*. Ein gefaltetes Schrägband auf jeder Seite als Bändchen* annähen.

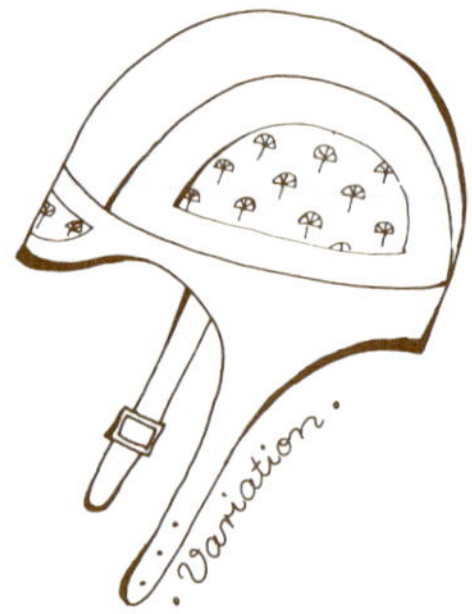

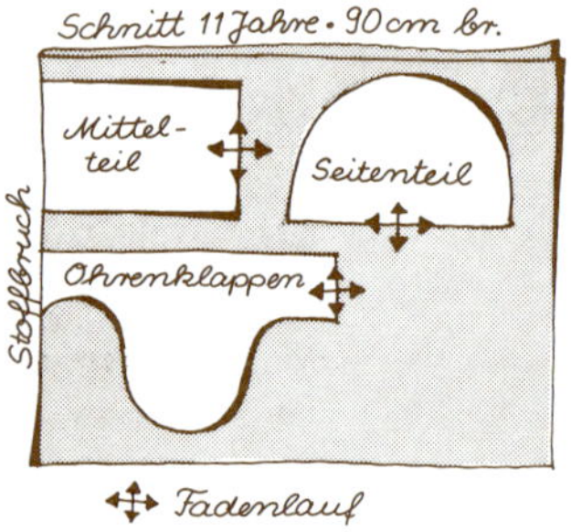

Stoffverbrauch	alle Größen
90/140 cm br.	35 cm
+ 275 cm Schrägband	

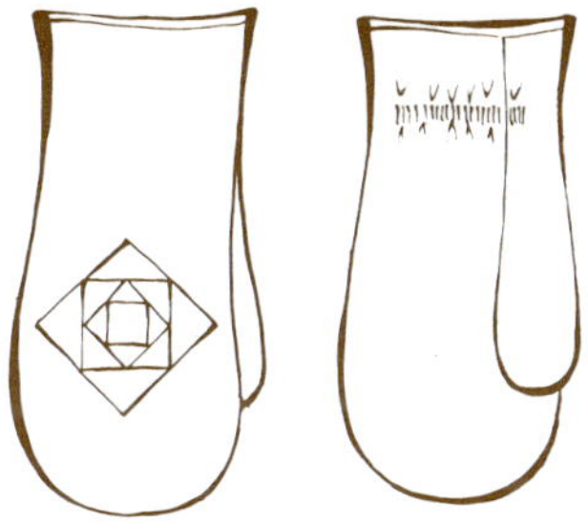

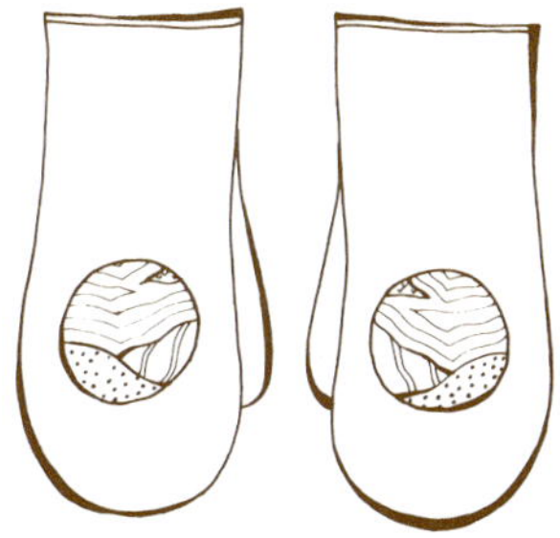

Fäustlinge ☆

• siehe Foto Seite 58 •

Die Fäustlinge haben innen am Handgelenk einen Gummizug und sind sehr einfach zu nähen. Sie können sie aus wasserdichtem Stoff nähen und mit Ziersteppereі versehen. Oder Sie nähen sie aus einem Rest Pelz. Allerdings müssen Sie sie dann von Hand von links zusammennähen.

Arbeitsanleitung

1. Fäustlinge zuschneiden. 3/4 cm Nahtzugabe* ist bei dem Schnittmuster schon berücksichtigt.
2. Mit Ziersteppereі* oder einer anderen Art der Verzierung* versehen.
3. Daumenteil rechts auf rechts am Fäustling festnähen. An der Außenkante bei *x* beginnen, rundum nähen und am Handgelenk enden.
4. Gummiband auf der linken Stoffseite innen am Handgelenk mit Zickzack-Stichen* festnähen. Dabei das Band gedehnt halten.
5. Seitennaht rechts auf rechts schließen. Schnittkante mit Zickzack-Stichen oder von Hand versäubern*. Fäustling wenden. Die Kante am Handgelenk mit Schrägband* einfassen.

Stoffverbrauch	alle Größen
90/140 cm Br.	35 cm

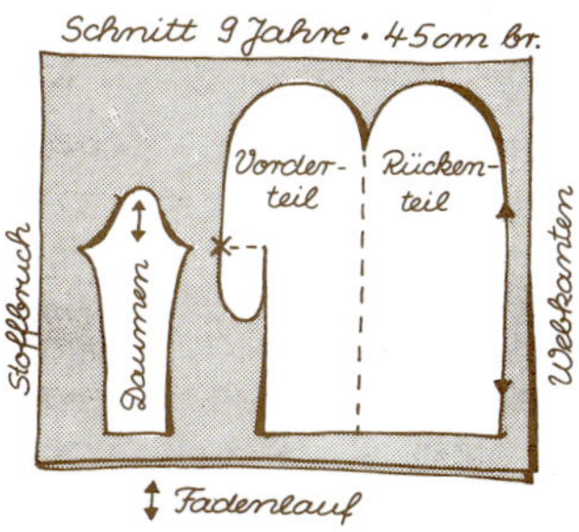

Bademantel ☆☆

Ein Bademantel ist schön und vor allem mollig warm – zu Hause nach dem Baden oder am Strand. Dieser Bademantel hat eine Kapuze und gepaspelte Taschen. Er ist aus Frottee und hat eine gesteppte Baumwollblende auf den Schultern.

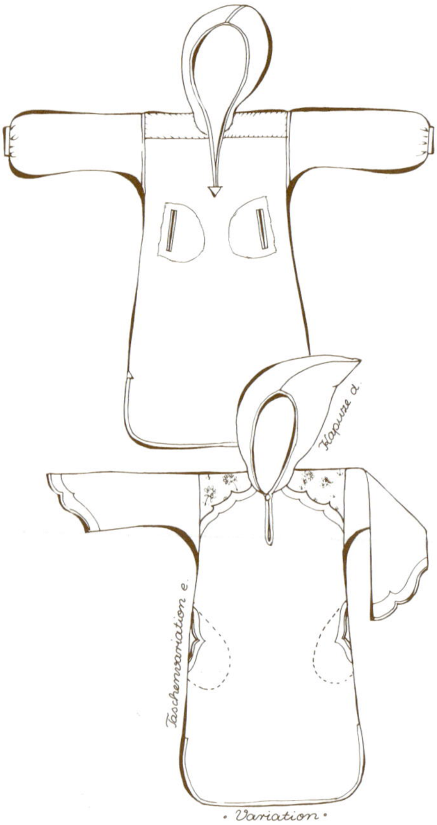

Arbeitsanleitung

1. Für alle Außenkanten $1/2$ cm Nahtzugabe* berechnen. Für die übrigen Kanten 1–2 cm zugeben. Schlitz an der vorderen Mitte einschneiden und Taschen markieren*. Schulterblende, Taschenpaspeln (8 x 15 cm) und Taschenbeutel aus Baumwollstoff zuschneiden.
2. Schulternähte links auf links schließen. Nahtzugabe auseinanderbügeln. Nahtzugabe der Schulterblende umbügeln, Blende feststecken und annähen. Durch beide Lagen steppen.
3. *Gepaspelte Taschen** nähen.
4. Kapuze links auf links zusammennähen und Schrägband* über die Nahtzugabe nähen. Rückwärtige Mitte des Mantels und der Kapuze markieren und Kapuze rechts auf rechts feststecken. Festnähen und Schrägband über die Nahtzugabe nähen.
5. Schlitz und Kapuze mit Schrägband einfassen. Am Anfang des Schlitzes beginnen und rundum einfassen. Nähen Sie ein kleines Stück Stoff, eventuell ein kleines Dreieck, am Boden des Schlitzes als Abschluß und Verstärkung auf.
6. Ärmel links auf links einnähen wie beim *Hemd* (S. 6), Punkt 5, beschrieben. Schrägband über die Nahtzugabe nähen.
7. Ärmel-/Seitennähte* rechts auf rechts bis zum Schlitz in der Seite schließen. Schrägband über die Nahtzugabe nähen.
8. Den Bademantel unten mit Schrägband einfassen. Kräuselfaden* an den Ärmeln einnähen und so zusammenziehen, daß die Hand bequem durchpaßt. Mit Schrägband einfassen, damit eine feste Kante entsteht.

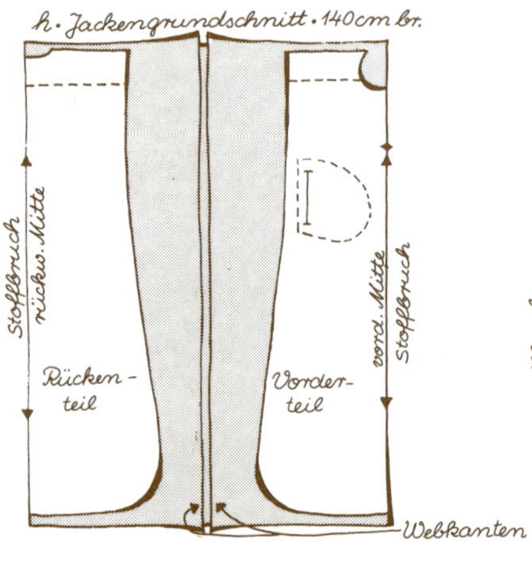

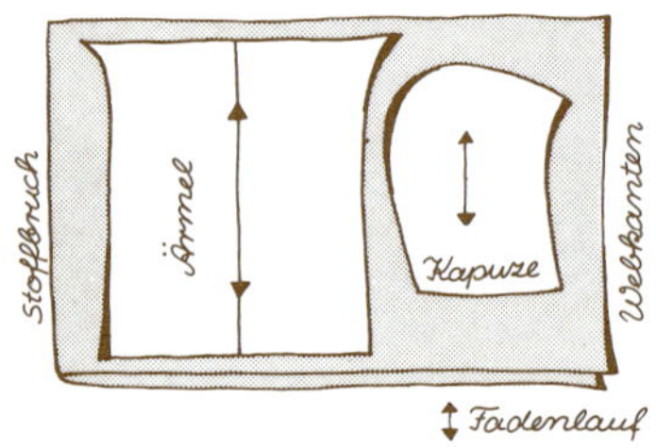

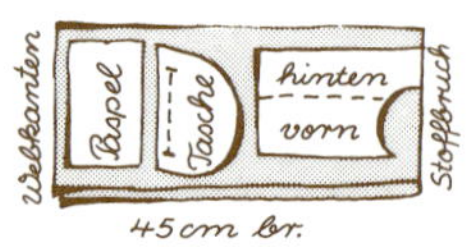

Stoffverbrauch	5 Jahre	7 Jahre	9 Jahre	11 Jahre
90 cm br.	220 cm	235 cm	260 cm	330 cm
140 cm br.	130 cm	140 cm	150 cm	170 cm

+ 450 cm Schrägband · 25 cm Baumwollstoff

· siehe Foto Seite 65 ·

Kimono ☆

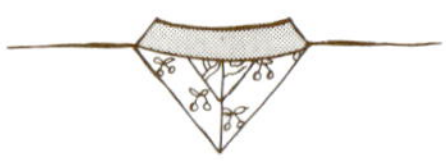

· von hinten ·

Einen Kimono kann man als Bade- oder Morgenmantel verwenden. Er ist vom Schnitt her sehr einfach und kann durchgehend zugeschnitten werden. Das Modell ist aus doppeltem Stoff genäht. Der Außenstoff hatte ursprünglich ein dunkles Muster auf weißem Hintergrund. Um diesen großen Kontrast zu vermeiden, wurde der Stoff in einem helleren Ton der Farbe des Musters eingefärbt. Besonders gut wirkt der Kimono, wenn Sie Futter, Ärmel und Vorderkanten – wie auf dem Modell – in derselben Farbe arbeiten wie das Muster des Außenstoffes. Außenstoff und Futter sind mit breiten Zwischenräumen zusammengesteppt.

i · Jackengrundschnitt · 140 cm br.

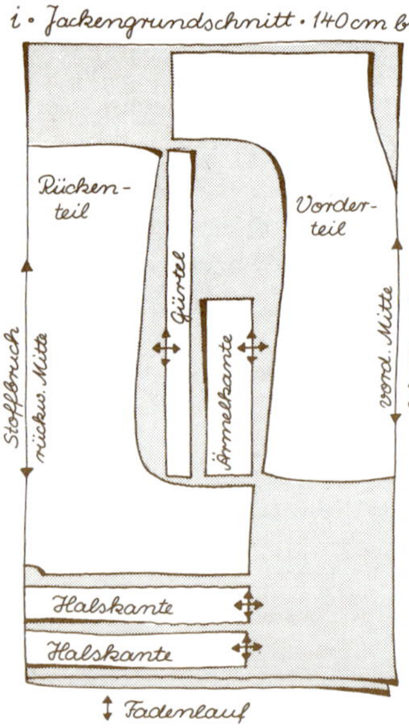

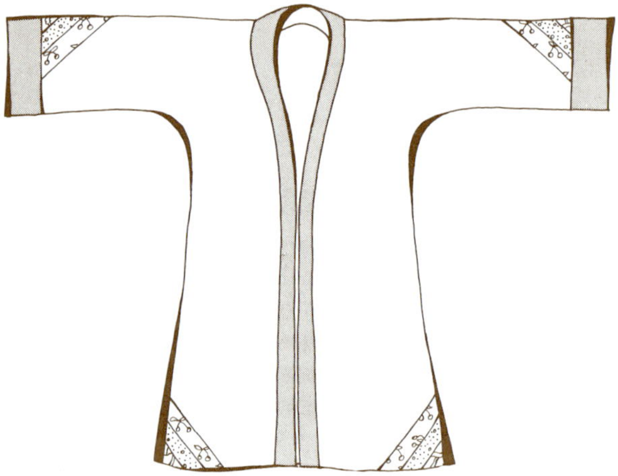

· Variation ·

Arbeitsanleitung

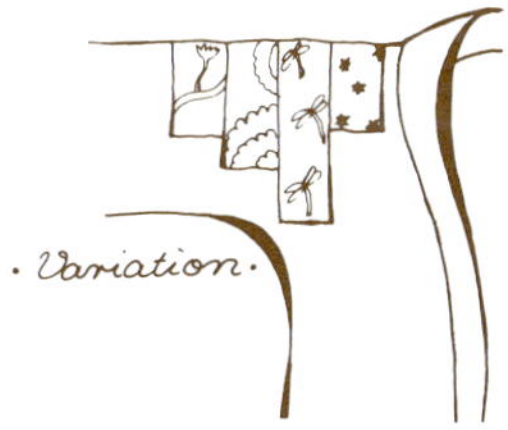

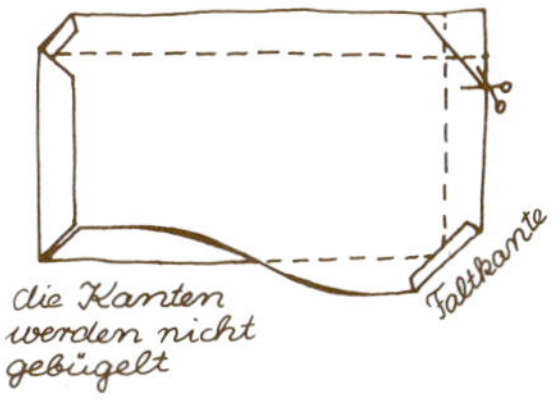

1. Kimono, möglichst ohne Schulternaht, mit 1 cm Nahtzugabe* für die untere Ärmelkante und für die Vorderkante, 1–2 cm für die Ärmel-/Seitennaht* und 3 cm für die untere Kante zuschneiden. Blende für die Vorderkante zuschneiden: 8 cm breit x Länge der Vorderkante + Nahtzugabe. Blende für die Ärmelkanten zuschneiden: Breite des Ärmels x 16 cm + Nahtzugabe. Gürtel ca. 125 cm lang und 10 cm breit zuschneiden, eventuell mit schrägen Enden (Zeichnung a). Futter, wie unter *Ziersteppcrei** beschrieben, zuschneiden.
2. Eventuelle Schulter-/Ärmelnähte schließen. Nahtzugabe auseinanderbügeln.
3. Ziersteppcrei mit z. B. 10 cm Zwischenraum nähen. Mit Zickzack-Stichen* versäubern* und Kanten des Kimonos geradeschneiden.
4. Blende rechts auf rechts an die Vorderkante nähen, Nahtzugabe einschlagen und Blende zur Hälfte nach links umlegen; die Kante muß Naht und Nahtzugabe verdecken. Feststecken, heften und mit einer Naht von rechts feststeppen. Ziernähte mit ca. 1 cm Zwischenraum nähen.
5. Blende an die Ärmelkante nähen (siehe Punkt 4). 6 Ziernähte mit ca. 1 cm Zwischenraum nähen.
6. Ärmel-/Seitennähte rechts auf rechts schließen und Schrägband* über die Nahtzugabe nähen.
7. Kimono unten umnähen*.

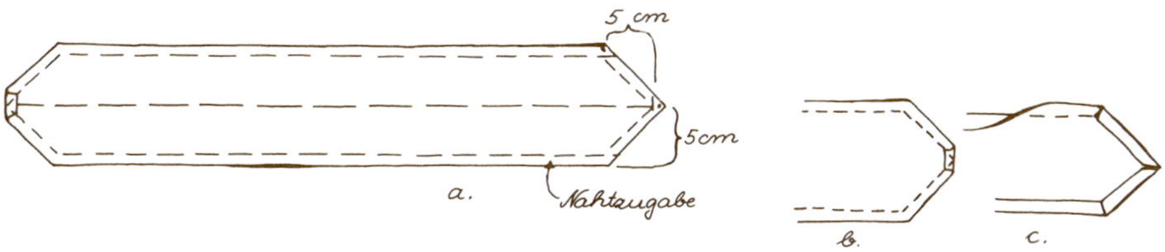

8. Gürtel nähen: An den Seiten 1 cm Nahtzugabe nach links umbügeln (Zeichnung b und c). Gürtel der Länge nach links auf links falten, zusammennähen und rundum knappkantig* absteppen. Nähen Sie eventuell ein Stück gefaltetes Schrägband als Schlaufe* für den Gürtel an jeder Seite des Kimonos fest.

Stoffverbrauch	5 Jahre	7 Jahre	9 Jahre	11 Jahre
90 cm br.	140 cm	160 cm	–	–
140 cm br.	100 cm	120 cm	130 cm	140 cm
+ Futter				

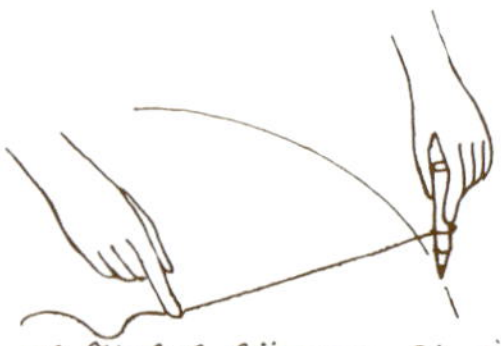

als Zirkel können Sie einen normalen Bleistift, an einem Bindfaden befestigt, verwenden. Siehe außerdem Ziersteppèrei nach Muster Seite 124

Stern · Ärmel

· Variation · von hinten ·

· Variation ·

Westen mit Ziersteppèrei ☆☆

Eine Weste ist mollig warm, bequem und sieht hübsch aus. Sie hält Brust und Rücken schön warm, und die Arme haben viel Bewegungsfreiheit. Durch die Wahl des Stoffes und der Verzierung* kann man sie lustig und interessant gestalten. Die eine Weste ist mit Ziersteppèrei nach Muster verziert. Die Steppnähte wurden mit Knopflochgarn in verschiedenen Farben genäht. Das Futter ist aus kleingeblümtem Stoff. Die andere Weste hat keine Ärmel und wird mit Schlaufen und Bambusknöpfen geschlossen. Sie wird mit senkrechten Nähten in einem Abstand von 3 1/2 cm abgesteppt. Die Westen lassen sich leicht verändern, z. B. durch einen anderen Verschluß, einen anderen Halsausschnitt oder durch Taschen.

· Applikation / von Kamilla gezeichnet ·

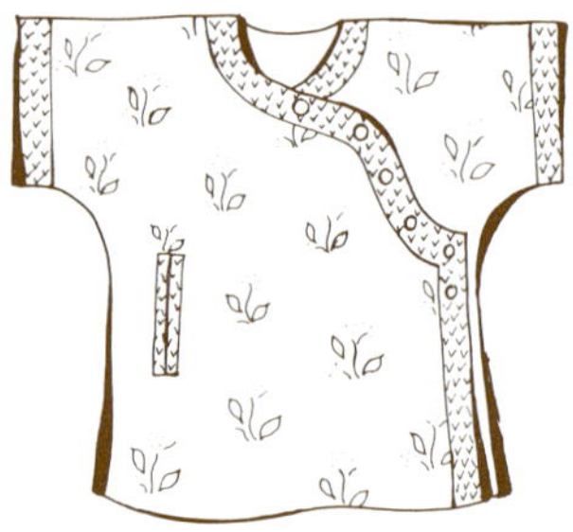

· Variation ·

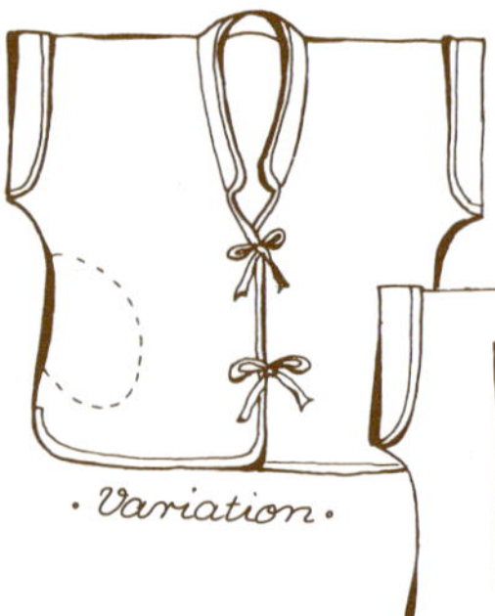

· Variation ·

· von hinten ·

Applikation / Linolschnitt von Helle gemacht

o. Blusengrundschnitt · 140 cm br.

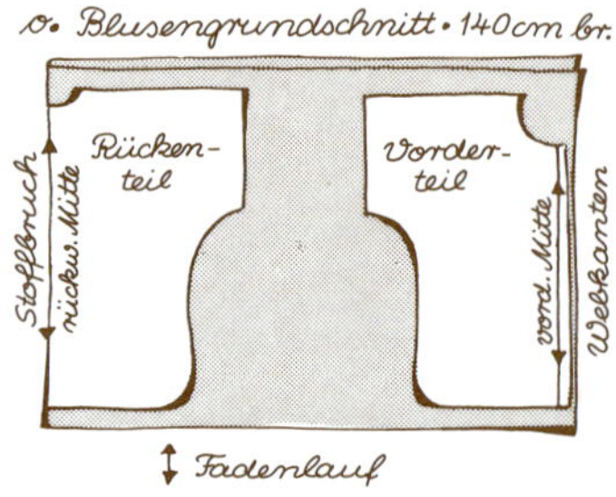

↕ Fadenlauf

Stoffverbrauch	5 Jahre	7 Jahre	9 Jahre	11 Jahre
90 cm br.	95 cm	105 cm	110 cm	120 cm
140 cm br.	50 cm	55 cm	55 cm	60 cm
teilbarer Reißverschluß	30 cm	35 cm	40 cm	45 cm

+ 3 m Schrägband · Futter und Zwischenfutter

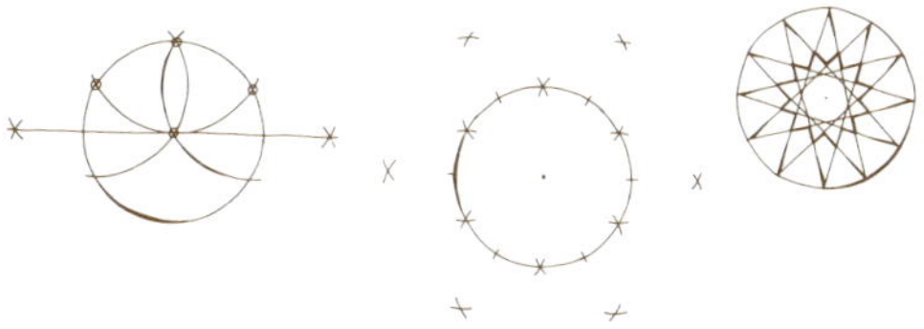

• Variation •

• Variation •

• Variation •

Arbeitsanleitung

1. Weste mit $^1/_2$ cm Nahtzugabe* für alle Außenkanten und 1–2 cm für die Schultern und für die Seiten zuschneiden. Für den Reißverschluß die vordere Mitte markieren*. Futter und Zwischenfutter, wie unter *Ziersteppereí** beschrieben, zuschneiden.
2. Teile mit Ziersteppereí versehen.
3. Die abgesteppten Teile rechts auf rechts an der Schulter zusammennähen. Seitennähte schließen; falls Sie einen Schlitz wollen, bis zu dessen Anfang. Nahtzugabe mit Schrägband* einfassen oder feststeppen*.
4. Armloch oder Ärmelkante und die ganze Weste mit Schrägband einfassen. Wenn Sie einen Reißverschluß einnähen wollen, die Vorderkante nicht einfassen. Dann die Kanten auf beiden Seiten an der vorderen Mitte einschlagen.
5. Schlaufen* und Knöpfe annähen oder einen *teilbaren Reißverschluß** einnähen. Wenn Sie den Reißverschluß mit der ersten Naht eingenäht haben, eventuell Nahtzugabe so zurückschneiden, daß sie unter dem Reißverschlußband verdeckt liegt.

p. Blusengrundschnitt · 90 cm br.

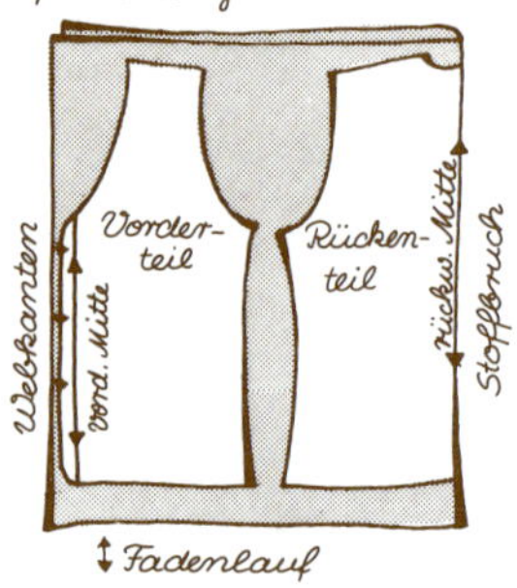

Stoffverbrauch	5 Jahre	7 Jahre	9 Jahre	11 Jahre
90 cm br.	50 cm	55 cm	55 cm	120 cm
140 cm br.	50 cm	55 cm	55 cm	60 cm

+ 3 m Schrägband und 4 Knöpfe · Futter und Zwischenfutter

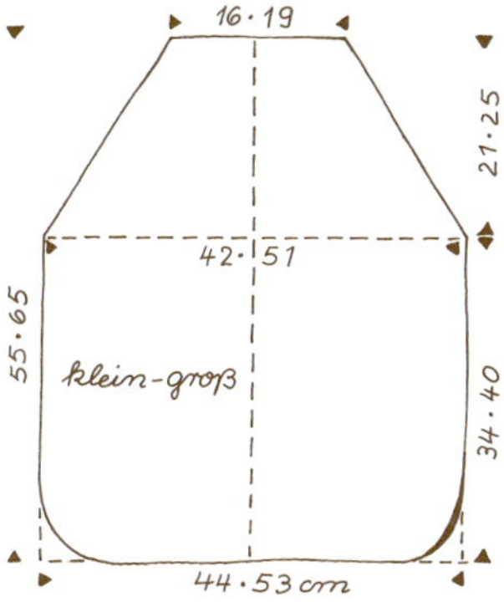

Maßzeichnung - Schürze

· Variation ·

· Variation ·

Stoffverbrauch

Höhe 60/65 cm × Breite 50/60 cm
+ 150 cm Schrägband

Schürze ☆

Die Schürze ist schnell und einfach zu nähen. Sie sitzt wegen des einfachen Systems aus Bindegürtel und Tunnel sehr gut. Sie können sie aus Wachstuch oder festem Baumwollstoff nähen. Auf der Schnittzeichnung sind die Maße für zwei Größen angegeben.

Arbeitsanleitung

1. Nach der Maßzeichnung mit 1 1/2 cm Nahtzugabe* für beide Seiten, für oben und für unten und 2 1/2 cm an den schrägen Seiten für Tunnel* zuschneiden. Nähen Sie die Schürze aus Wachstuch, reichen 1 cm bzw. 2 cm Nahtzugabe, da Wachstuch nicht ausfranst und daher nur einmal eingeschlagen werden muß.
2. Nahtzugabe einfach oder doppelt einschlagen und oben, an den geraden Seiten und unten festnähen. Schräge Seiten so einschlagen, daß ein 2 cm breiter Tunnel entsteht.
3. 150 cm Schrägband* der Länge nach falten, zusammennähen und durch die Tunnel ziehen. Knoten Sie einen Gardinenring oder eine große Perle an den Enden fest, oder machen Sie einfach ein paar feste Knoten in das Band, damit es nicht herausrutschen kann.

Hausschuhe ☆

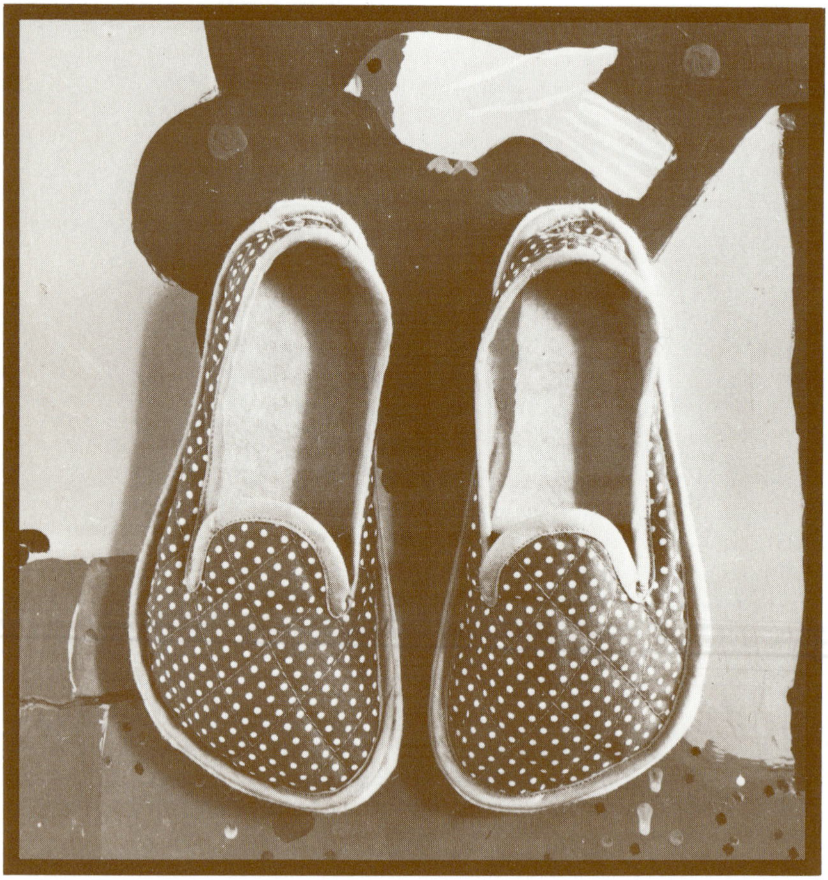

Die Hausschuhe haben eine fußgerechte Form, sind weich, mollig warm und leicht anzuziehen. Sie sind einfach zu nähen, und man kann sie durch Ziersteppereí*, Applikationen*, Patchwork* oder durch Veränderung der Form des Ausschnittes interessant gestalten. Die Sohlen sind aus dickem Filz (1/2 bis 1 cm), den man in Teppichfachgeschäften erhält. Nähen Sie eventuell Lederverstärkung unter die Sohlen. Einige Nähmaschinen machen Schwierigkeiten beim Verarbeiten des dicken Filzes. Die Sohlen lassen sich jedoch leicht von Hand mit einem festen Faden und dichten Steppstichen* annähen.
Die meisten Strümpfe engen den Fuß ein und beeinflussen allmählich seine Form. Stricken Sie deshalb eventuell selber fußgerechte Strümpfe nach der Strickvorlage auf Seite 74.

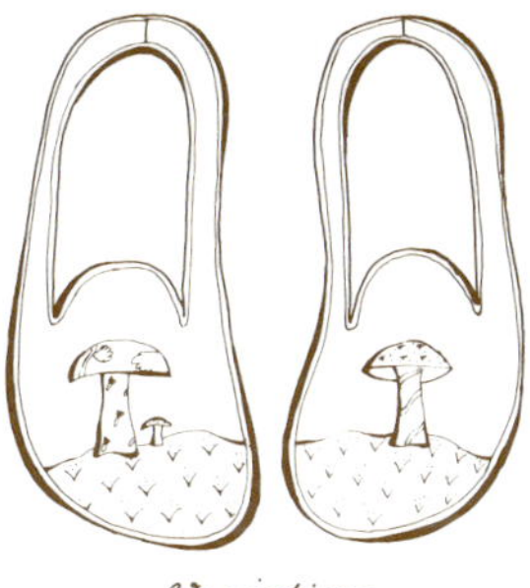

· Variation ·

Applikation mit Handstickerei

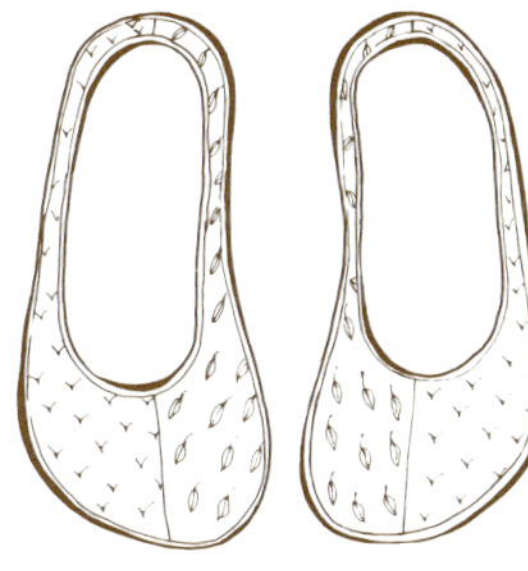

· Variation ·

· Variation ·

Arbeitsanleitung

Zeichnen Sie den Umriß des Fußes auf ein Stück Papier. Vergleichen Sie die Zeichnung mit den Sohlen des Schnittes, und wählen Sie eine Größe, die 2 cm größer ist. 2 x $^1/_2$ cm brauchen Sie für die Nahtzugabe* und 1 cm für Socken und damit das Kind beim Gehen etwas nach vorne gleiten kann und die Schuhe auch länger passen.

1. Außenstoff und Futter zuschneiden. Wenn Sie die Schuhe absteppen* wollen, Futter größer zuschneiden (siehe S. 117). Bedenken Sie, daß $^1/_2$ cm Nahtzugabe im Schnitt enthalten ist. Sohle zuschneiden, vordere und rückwärtige Mitte der Sohle und des Oberteils markieren*.
2. Futter und Außenstoff zusammenheften oder absteppen. Rückwärtige Mitte des Oberteils rechts auf rechts zusammennähen und Schrägband* über die Nahtzugabe nähen.
3. Obere Kante mit Schrägband einfassen. Ein 1 $^1/_2$–2 cm breites Gummiband in der Breite der Lasche + 2 cm Nahtzugabe zuschneiden. Da das Gummiband anliegen, aber nicht einengen soll, das Band stark spannen und etwas weiter zuschneiden.
4. Gummiband an den Seiten und in der Mitte der Lasche festnähen. Untere Kante mit Schrägband einfassen.
5. Eventuell Verstärkungen unter die Sohle nähen.
6. Oberteil an den Markierungen und rundum an der Sohle feststecken. Es ist wichtig, daß die rückwärtige Hälfte etwas gedehnt und die vordere etwas eingehalten* wird. An der rückwärtigen Mitte beginnend die Teile zusammennähen. Verwenden Sie eine kräftige Nadel und nähen Sie langsam.

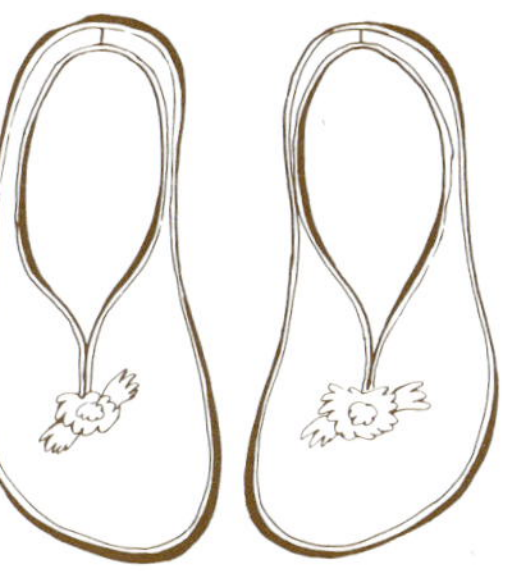

· Variation ·

Stoffverbrauch 90/140 br. 30cm

Filz + 225cm Schrägband

Strickvorlage für fußgerechte Strümpfe ☆

Verwenden Sie eine strapazierfähige Wolle, die für Nadelstärke 2 1/2–3 geeignet ist.
Größe 5–7–9–11 Jahre.

Schaft: 48–52–56–60 Maschen, auf 4 Strumpfnadeln Nr. 2 1/2 verteilt, anschlagen. Das Bündchen 2 rechts, 2 links oder 1 rechts, 1 links gerippt bis zur gewünschten Höhe stricken. Dann auf Nadeln Nr. 3 wechseln und den Schaft bis zur gewünschten Länge fertigstricken.

Ferse: Die Hälfte der Maschen auf eine Nadel zusammennehmen und glatt rechts (Hinreihen rechts, Rückreihen links) stricken. Dabei am Anfang jeder Reihe 2 Maschen zusammenstricken, bis 8 Maschen übrig sind. Nun am Anfang jeder Reihe 1 Masche zunehmen, bis die ursprüngliche Maschenzahl wieder erreicht ist.

Fuß: Rundstricken, bis der Strumpf bis zur Mitte des kleinen Zehs reicht.

Zeh: 21–23–25–27 Maschen stricken, 2 Maschen zusammenstricken, 2 Maschen stricken, 2 Maschen zusammenstricken, die restlichen Maschen stricken. Nächste Runde ohne zusammenstricken, dann 20–22–24–26 Maschen stricken, 2 Maschen zusammenstricken, 2 Maschen stricken, 2 Maschen zusammenstricken, die restlichen Maschen stricken. So in jeder 2. Runde weiterarbeiten, bis 30–32–34–36 Maschen übrig sind, dann abketten.
Den anderen Strumpf seitenverkehrt stricken.
Ferse und Zeh zusammennähen.

Nähtechnik

Was man zum Nähen braucht

· Stoffschere ·

Stoffschere. Wählen Sie eine gute, große Schere. Sie sollte gut in der Hand liegen und nicht zu schwer sein. Verwenden Sie sie nur zum Stoffschneiden. Wenn Sie sie für andere Dinge nehmen, wird sie schnell stumpf und schneidet nicht mehr gut.

Papierschere für Schnittmuster.

Stickschere, um kleine Fäden abzuschneiden. Es ist zwar praktisch, wenn man sie hat, aber nicht notwendig.

· Stecknadeln ·

Stecknadeln und eventuell ein *Magnet.*

Nähnadeln und Fingerhut.

· Maßband ·

Maßband.

· Auftrenner ·

Auftrenner/Knopflochmesser. Sind Sie vorsichtig, wenn Sie etwas auftrennen. Nehmen Sie immer nur wenige Fäden, da Sie sonst den Stoff leicht zerreißen könnten.

· Durchziehnadel

Durchziehnadel braucht man, um Gummibänder, Kapuzenbändchen etc. durch einen Tunnel zu ziehen.

· Rädchen ·

Rädchen und Kopierpapier zum Markieren von Nähten.

Seidenpapier (gibt es in Rollen und Bögen) und *Tesafilm* oder *Klebestift,* um Schnittmuster aufzuzeichnen und zusammenzukleben.

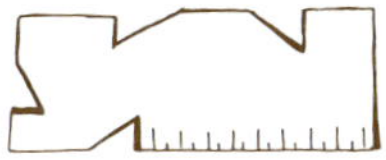

Lineal zur Verlängerung von Linien.

Bügeleisen, um Nähte während der Arbeit zu bügeln.

Nähmaschine. Wenn Sie sich eine Nähmaschine anschaffen wollen, sollten Sie eine Maschine mit Zickzack-Stichen wählen, mit der Sie leicht und schnell Nähte versäubern können. Zugleich haben Sie dann die Möglichkeit, mit der Maschine Applikationen* anzubringen und selber Knopflöcher etc. zu nähen.
Freiarmmaschinen sind für Flickarbeiten sehr praktisch. Sie können z. B. Hosenbeine über den „freien Arm" ziehen, um einen Flicken anzunähen.
Es gibt außerdem Maschinen, mit denen Sie die verschiedensten Stickereien nähen können und die mehr oder weniger vollautomatisch sind. Nicht alle Maschinen sind gleich strapazierfähig; einige können nicht mehrere Stofflagen zusammennähen oder keine dicken Stoffe verarbeiten. Überlegen Sie gut, was für eine Maschine Sie brauchen. Nehmen Sie mehrere Stoffproben mit und probieren Sie im Geschäft verschiedene Maschinen aus, damit Sie sich für die Maschine entscheiden können, die Ihren Bedürfnissen am nächsten kommt und die Ihnen wirklich gefällt.
Natürlich kann man auch ohne Nähmaschine Kleider nähen, und Kinderkleidung läßt sich dann wohl auch am ehesten bewältigen.

Stoffe

Es gibt unzählige Qualitäten, seit die verschiedenen Kunstfasern hinzugekommen sind. Aber Kunstfasern laden sich oft elektrisch auf und vertragen keine warme Wäsche oder Bügeln. Einige Menschen sind empfindlich gegenüber Kunstfasern. Die Haut kann nicht frei atmen, und viele Kunstfasern wirken „umgekehrt"; sie kühlen, wenn es kalt ist, und kleben, wenn es warm ist, weil sie den Körperschweiß nicht absorbieren können.
Baumwollstoffe sind für Kinderkleidung am besten geeignet. Sie lassen sich warm waschen und bügeln, tragen sich angenehm, und es gibt sie in vielen Qualitäten. Baumwolle ist angenehm bei Hitze und wärmt, wenn es kalt ist. Es ist manchmal schwierig zu beurteilen, ob ein Stoff reine Baumwolle ist, da es so viele Gemische gibt (z. B. 67 %

Baumwolle und 33 % Kunstfasern). Normalerweise steht die Zusammensetzung aber auf dem Stoffballen. Machen Sie es sich zur Gewohnheit, die Qualität nachzuprüfen.
Fast alle Baumwollstoffe laufen bei der ersten Wäsche ein. Es ist deshalb ratsam, den Stoff vor dem Zuschneiden zu waschen.
Bei der Wahl des Stoffes sollten Sie berücksichtigen, was für ein Kleidungsstück Sie nähen wollen, und wie sehr dieses strapaziert werden wird (sowohl beim Tragen als auch beim Waschen). Besonders im Alter zwischen 5 und 12 Jahren strapazieren Kinder ihre Kleidung sehr. Der Stoff, den Sie wählen, sollte deshalb so fest und haltbar sein, daß das Kleidungsstück so lange hält, bis das Kind herausgewachsen ist. Dichtgewebte Stoffe sind in der Regel haltbarer als lockergewebte. Es ist also nicht selbstverständlich, daß ein kräftiger Stoff strapazierfähiger ist als ein dünnerer.

Nähfaden

Verwenden Sie immer einen Nähfaden von derselben Qualität wie der Stoff, damit er dasselbe Waschen und Bügeln verträgt. Wenn Sie nicht genau denselben Farbton wie den des Stoffes bekommen, wählen Sie einen etwas dunkleren Ton, da dieser weniger auffällt als ein hellerer. Für gemusterte Stoffe wählen Sie die Farbe, die am häufigsten vorkommt. Sind zwei Farben gleich häufig vertreten, wählen Sie die dunklere.

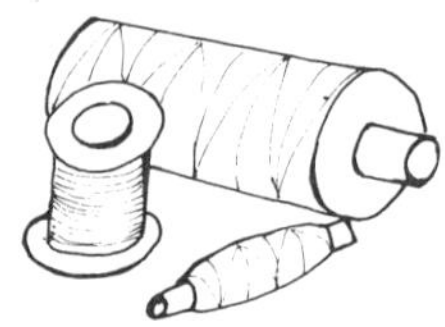

Übersicht über verschiedene Stoffarten und ihre Verwendungsmöglichkeiten

Bedruckte Baumwolle 90 cm *Einfarbige Baumwolle* 130 cm	Blusen, Sommerbekleidung, Futter, Kleidung mit Ziersteppereí, leichte Jacken.
Flanell 70 cm *Molton* 130 cm (gibt es auch in Dekorationsgeschäften in allen Farben zu kaufen) *Winterbaumwolle* 90 cm	Weicher molliger Stoff. Schlafanzüge, Blusen, Babykleidung, Kleider, Futter.
Denim 90/140 cm *Twill* 80 cm	Kräftige Baumwolle, diagonal gewebt. Overalls, Jacken.
Cord 70/90/140 cm	Gibt es in vielen Qualitäten mit breiten und schmalen Rippen. Overalls, Jacken, Fliegeranzüge.
Velour 90 cm 130 cm	Velour für Kleider ist recht dünn, aber sehr fest gewebt. Velour für Hosen ist etwas fester, aber nicht immer reine Baumwolle. Möbelvelour ist sehr fest. Machen Sie auf der Rückseite eine „Kratzprobe“. Kann man die feinen Haare der rechten Seite leicht durchziehen, ist der Stoff nicht sehr haltbar und sollte gefüttert werden, da er nicht für eine Abnutzung der linken Seite gedacht ist. Der Stoff ist recht schwer zu verarbeiten, da er während des Nähens leicht verrutscht. Overalls, Jacken, Fliegeranzüge.
Waschwolle 90 cm	50 % Baumwolle, 50 % Wolle; warmer, weicher Stoff. Kleider, Hemden.

Popelin, Inlett 130 cm	Winddichte Baumwolle. Futter, Zwischenfutter, Oberbekleidung für den Sommer.
Frottee 120/140 cm	Baumwolle mit kleinen Schlingen auf einer oder auf beiden Seiten. Bademäntel, Lätzchen.
Jersey 140 cm *Stretchfrottee* 150 cm	Gibt es in reiner Baumwolle; elastisch und weich. Schlafanzüge, Blusen, Spielhosen, Bademäntel, Strampelanzüge.
Wattierter Nylonstoff 140 cm *Steppwatte, Watteline*	Ist reine Synthetik, läßt sich aber gut als Futter oder Zwischenfutter für Oberbekleidung verwenden. Hier hat der Stoff kaum Berührung mit dem Körper. Ist leicht zu verarbeiten und kann in der Maschine gewaschen werden.
Steppstoff 90/140 cm	Steppwatte mit Baumwollstoff auf beiden Seiten. Fliegeranzüge, Jacken, Overalls etc.
Biberbaumwolle 140 cm	50 % Nylon, 50 % Baumwolle. Winddicht, wasserabweisend, strapazierfähig. Die rechte Seite ist blank, die linke besteht aus leicht aufgerauhter Baumwolle. Oberbekleidung, Fliegeranzüge.
Gebrauchte Stoffe	Sie können aus gebrauchter Kleidung neue Sachen arbeiten, wenn der Stoff nicht zu sehr strapaziert ist. Sie sollten aber genau überlegen, wieviel Arbeit – verglichen mit der Qualität des Stoffes – noch lohnend ist.

Die cm-Angaben beziehen sich auf die handelsüblichen Breiten des jeweiligen Stoffes.

Die Schnittmuster

Schnittmusterbogen

Auf den Schnittmusterbogen des Buches gibt es Schnittmuster für alle Modelle in den Größen 5 Jahre (110 cm), 7 Jahre (122 cm), 9 Jahre (134 cm) und 11 Jahre (146 cm). Jede Größe befindet sich auf einer Seite eines Bogens, außer Schuhe, Kopfbedeckungen und Fäustlinge (siehe *Anwendung der Schnittmusterbogen,* S. 128).

Welche Größe?

Bei den Schnitten ist etwas Bewegungsspielraum eingerechnet. Die Größen sind so berechnet, daß sie etwa 1 1/2 Jahre passen.

Um die richtige Größe herausfinden zu können, müssen Sie beim Kind Maß nehmen. Die Maße müssen dicht am Körper genommen werden, dürfen aber nicht einengen (Abb. 1). Vergleichen Sie die Maße mit der Tabelle und wählen Sie die richtige Größe oder die Größe, die gerade über den Maßen Ihres Kindes liegt. Für Blusen, Jacken und Kleider messen Sie die Oberweite, für Hosen die Hüftweite. Prüfen Sie nach, ob die Länge stimmt. Wenn Schnittmuster und Maße in der Weite und in der Länge nicht übereinstimmen, lesen Sie auf Seite 83, wie man die Größe verändert.

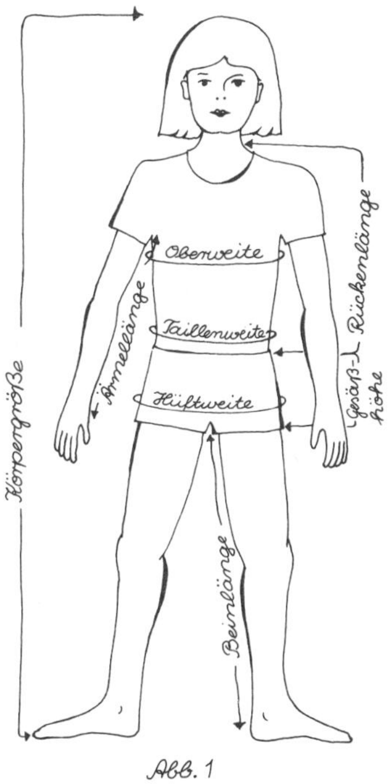

Abb. 1

Alter	5 J.	7 J.	9 J.	11 J.
Körpergröße (Höhe)	110	122	134	146
Oberweite	62	66	70	74
Taillenweite	58	60	62	64
Hüftweite	66	70	74	79
Rückenlänge	27	29	32	35
Leibhöhe	19	20	21	22
Armlänge (innen)	32	36	40	44
Beinlänge (innen)	45	52	59	67

Grundschnitte

Die einfachen Grundschnitte sind mit einem kräftigen Strich gezeichnet.

Im *Grundschnitt für Hosen* (lila Druck) befinden sich außerdem Trägerhosen, Overalls, Schlafanzughosen und kurze Hosen.

Die Hosen sind so gezeichnet, daß die Seitennähte aneinanderstoßen. Sie können sie daher leicht an einem Stück zuschneiden, d. h. ohne Seitennaht. Das Schnittmuster hat zwei Nahtlinien: vordere Mitte/innere Naht und rückwärtige Mitte/innere Naht. Die äußere Linie ist für eine Hose, die locker sitzt, die innere für eine enganliegende.

Für durchgehende Anzüge (Overalls) setzt man in der Taille den Grundschnitt für Hosen mit dem Grundschnitt für Blusen zusammen. Beachten Sie die Ansatzpunkte.

Der *Grundschnitt für Jacken* (brauner Druck) beinhaltet auch Anorak und Bademäntel. Vordere und rückwärtige Teile liegen aufeinander und sind – bis auf den Halsausschnitt und die Änderungen, die für die verschiedenen Modelle erforderlich sind (z. B. den Verschluß des Vorderteils) – gleich.

Das Schnittmuster zeigt zwei Seitennähte: die äußere ist für gesteppte oder mit festem Stoff gefütterte Kleidung, die innere ist für leichte Kleidung mit dünnem Futter oder ohne Futter.

Im *Grundschnitt für Blusen* (roter Druck) sind Hemden, Kleider, Schlafanzugoberteile und Westen eingezeichnet. Vorder- und Rückenteile liegen übereinander und sind ebenfalls bis auf den Halsausschnitt und die Änderungen, die die verschiedenen Modelle erfordern (z. B. Verschluß des Vorderteils oder Falten im Rücken usw.), gleich.

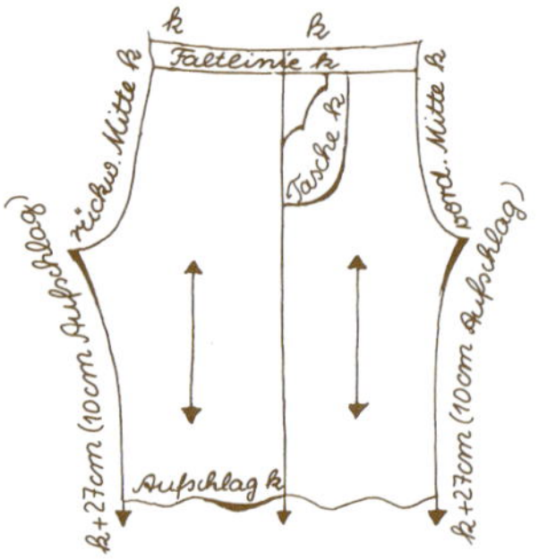

k. Hosengrundschnitt 7 Jahre
Abb. 2 a

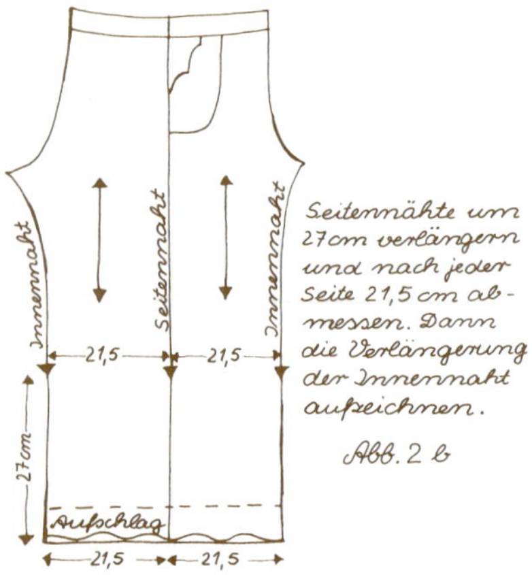

Abb. 2 b

Aufzeichnen des Schnittmusters

Bei jeder Arbeitsanleitung befindet sich eine Zeichnung, die zeigt, welche Schnittmusterteile Sie brauchen und wie sie auf den Stoff gelegt werden. Über dieser Musterzeichnung steht ein Buchstabe sowie der Name des Grundschnittes (Jacke, Bluse oder Hosen), den Sie brauchen (Abb. 3). Suchen Sie diesen Grundschnitt in der richtigen Größe auf dem entsprechenden Schnittmusterbogen. Folgen Sie dem Buchstaben ringsherum (Abb. 2 und 4). Bei Hosen beginnen Sie am besten in der Taille bei vorderer Mitte, bei Jacken und Blusen am Halsausschnitt des Vorderteils, entlang der vorderen Mitte und ringsherum. Achten Sie dabei immer auf die Musterzeichnung, damit Sie wissen, welche Musterteile Sie benötigen. Die vorderen und rückwärtigen Musterteile machen – mit wenigen Ausnahmen – je ein Viertel des Gesamtumfanges aus. Sie werden öfter mehrmals in derselben Linie zeichnen müssen, um alle Musterteile herauszubekommen (z. B. für Vorder- und Rückenteil und Blenden). Wenn auf dem Schnittmu-

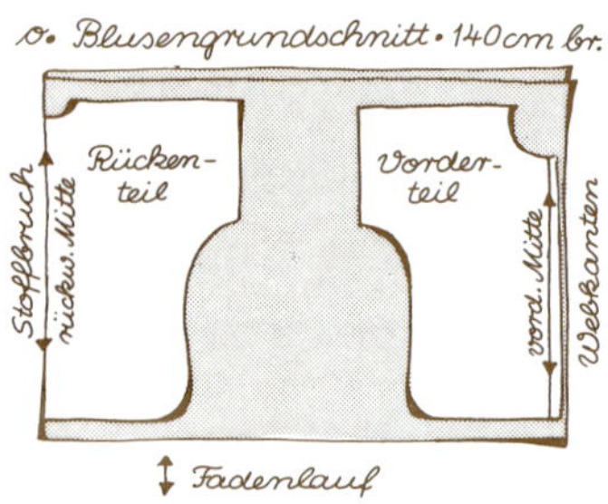

Abb. 3

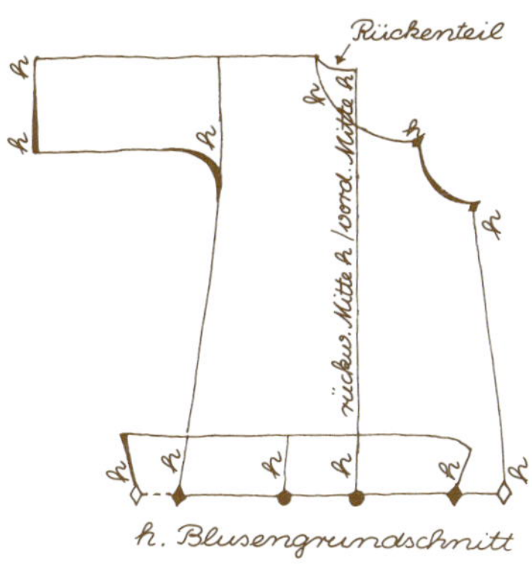

Abb. 4 a

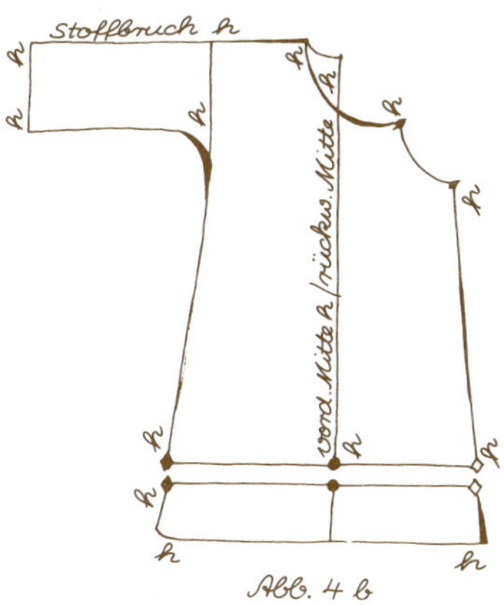

Abb. 4 b

sterbogen bei Ärmeln „Bruch“ steht, schneiden Sie den Papierschnitt auch mit „Bruch“, damit Sie den Ärmelschnitt in voller Breite erhalten.
Haben Sie alle Teile gefunden, zeichnen Sie das Schnittmuster nach. Legen Sie dazu Seidenpapier, durch das Sie schwach hindurchsehen können, auf den Bogen und zeichnen Sie jedes Teil des Schnittes für sich, auch eventuelle Taschen, Aufschläge etc. Sie nutzen das Papier am besten, wenn Sie die geraden Linien an die Kante legen.

Arbeitsanleitungen

Die Arbeitsanleitungen erläutern zu jedem Modell Punkt für Punkt den Arbeitsgang. Bei jedem Modell finden Sie ☆, ☆☆, ☆☆☆, die den Schwierigkeitsgrad anzeigen. Sind Sie Anfängerin, ist es ratsam, mit ☆ anzufangen.
Bei allen Kleidungsstücken wird angegeben, wieviel Stoff Sie benötigen. Der Stoffverbrauch ist in der Regel nach einem Stoff* berechnet, den man nicht gegen den Strich nehmen kann. Falls man das Schnittmuster in beide Richtungen auflegen kann (siehe *Auflegen des Schnittmusters*, S. 87), benötigen Sie meist weniger Stoff.
Wenn Sie das Kleidungsstück füttern wollen, brauchen Sie zweimal die angegebene Stoffmenge: einmal für den Außenstoff und einmal für das Futter.
Es ist übrigens ratsam, die ganze Arbeitsanleitung durchzulesen, bevor man mit der Arbeit beginnt.

Änderung der Größe

Wenn die Maße der Maßtabelle bzw. des Schnittmusters und die des Kindes in Weite und Länge nicht übereinstimmen, müssen Sie das Schnittmuster ändern. Entsprechen z. B. die Weitenmaße des Kindes (Ober-, Taillen- und Hüftweite) der Größe 5 Jahre (110 cm), die Längenmaße (Rückenlänge, Gesäßhöhe, Arm- und Beinlänge) aber der

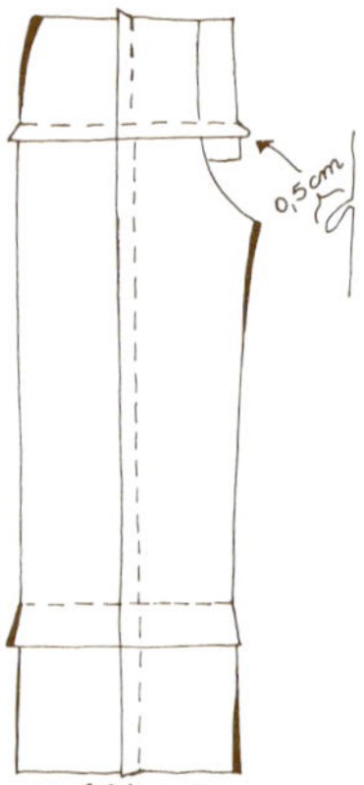

verkleinert
Abb. 5a

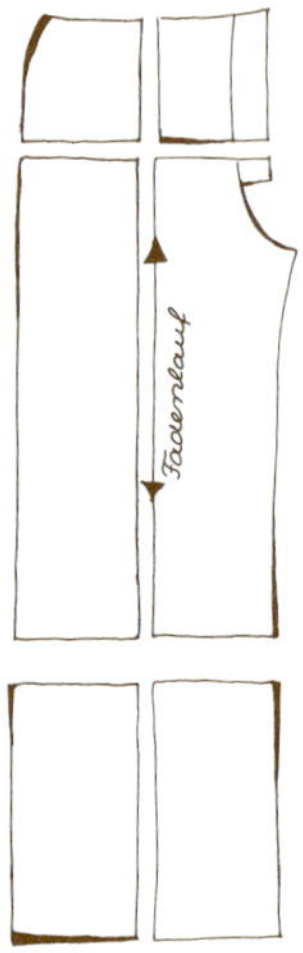

vergrößert
Abb. 5b

Größe 7 Jahre (122 cm), zeichnen Sie den Schnitt in Größe 5 Jahre und ändern dann Rückenlänge, Gesäßhöhe, Arm- und Beinlänge so, daß sie Größe 7 Jahre entsprechen oder den Maßen, die Sie bei Ihrem Kind genommen haben.
Wollen Sie ein Schnittmuster z. B. um 4 cm in der Breite *verkleinern*, falten Sie das Schnittmusterteil der Länge nach. Die Falte beträgt 1 cm (d. h. 2 x 1/2 cm). Da ein Schnittmusterteil ein Viertel der Gesamtweite ausmacht, ergibt eine solche Falte eine Gesamtänderung von 4 cm. Wollen Sie die Länge verändern, machen Sie eine Querfalte von der Breite, die die gewünschte Gesamtlänge übrigläßt (Abb. 5a).
Wollen Sie ein Schnittmuster in der Breite *vergrößern*, schneiden Sie das Schnittmusterteil der Länge nach durch und rücken die Teile ein Viertel der zusätzlich benötigten Weite auseinander. Wollen Sie die Länge verändern, schneiden Sie das Musterteil quer durch und rücken die Teile so auseinander, daß Sie die richtige Gesamtlänge bekommen (Abb. 5b).

Änderung und Kombination von Schnittmustern

Es ist sehr einfach, Schnittmuster zu verändern und zu kombinieren, da alle Modelle auf einigen wenigen Grundschnitten aufbauen. Wenn Sie sich einen der Grundschnitte ansehen, können Sie deutlich die einfache Grundform, die mit einem kräftigen Strich gezeichnet ist, erkennen. Die dünnen Striche bilden die einzelnen Modelle (Abb. 6b und 7b).
Wie Sie an den unterbrochenen Linien auf der Zeichnung sehen, braucht es sehr wenig, um ein Modell zu verändern (Abb. 6b und 7b).

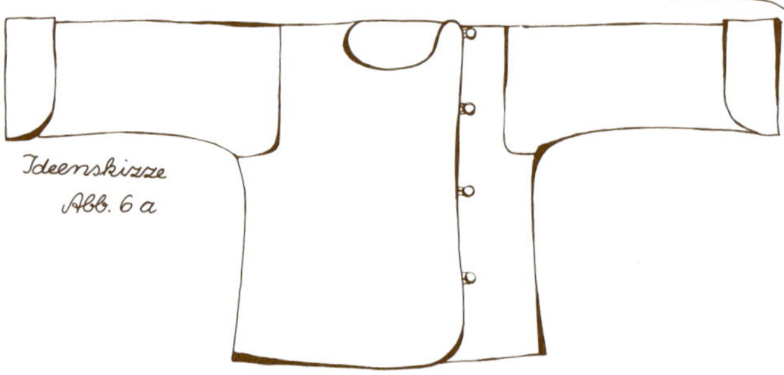

Ideenskizze
Abb. 6a

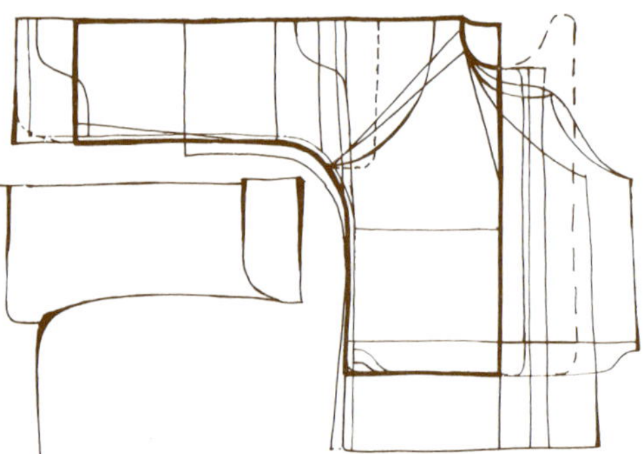

Jackengrundschnitt mit Veränderung nach Ideenskizze
Abb. 6b

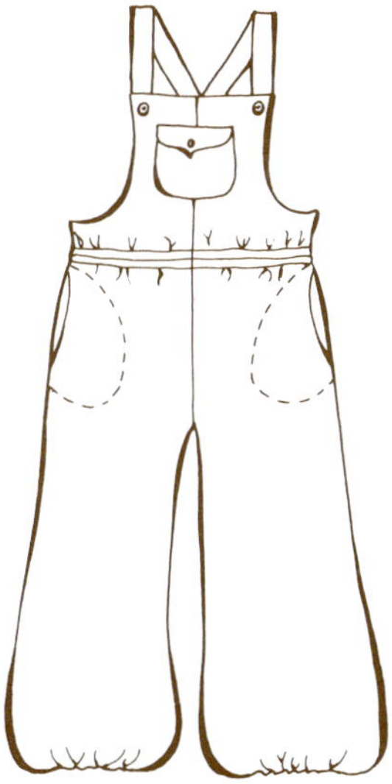

Ideenskizze
Abb. 7a

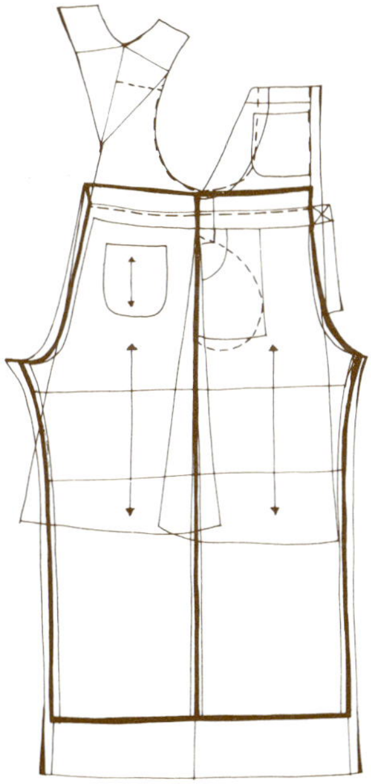

Hosengrundschnitt
mit Veränderung nach
Ideenskizze
Abb. 7b

Es ist manchmal hilfreich, die eigenen Ideen zuerst auf Papier vorzuzeichnen. Die kleinen Modellzeichnungen im Buch können Sie eventuell als Schablone benutzen, wenn Sie sie durchpausen (z. B. auf Pergamentpapier). Wollen Sie mehrere Modelle kombinieren, ist es günstig, das Kleidungsstück mit den verschiedenen Details zu zeichnen. So bekommen Sie leichter einen Eindruck, wie die Kombination aussehen wird.

Änderung

An *Jacken* und *Blusen* können Sie Verschluß und Ärmelansatz sowie die Form der unteren Kante, der Kante an den Ärmeln und am Hals und auch den Schnitt der Passe verändern (Abb. 6a und b). Bei *Hosen/Overalls* lassen sich Latz und Träger, Verschluß, Länge und Weite der Hosenbeine und Form des Beinabschlusses verändern (Abb. 7a und b).
Haben Sie sich für eine Änderung entschieden, zeichnen Sie das Schnittmuster. Hierzu verwenden Sie Seidenpapier, das Sie auf den Schnittmusterbogen legen. Zeichnen Sie zuerst Mittellinie, Schulter- und Ärmel-/Seitennähte*, dann erst die Änderungen.
Wollen Sie z. B. ein Modell mit Passe herstellen, ist es ratsam, erst mal beim Kind Maß zu nehmen. So sehen Sie, in

welcher Höhe Sie die gewünschte Wirkung am besten erzielen (vgl. außerdem den folgenden Text über den *Arbeitsgang*).

Kombination

Wollen Sie zwei Jacken kombinieren, indem Sie z. B. den Verschluß der einen (Abb. 8a) und den Ärmelansatz der anderen (Abb. 8b) verwenden, übertragen Sie ebenfalls zuerst die Mittellinie, Schulter-, Ärmel-/Seitennähte* des Grundschnittes auf Seidenpapier. Danach zeichnen Sie die Linien für Verschluß bzw. Ärmel ein (Abb. 8c).

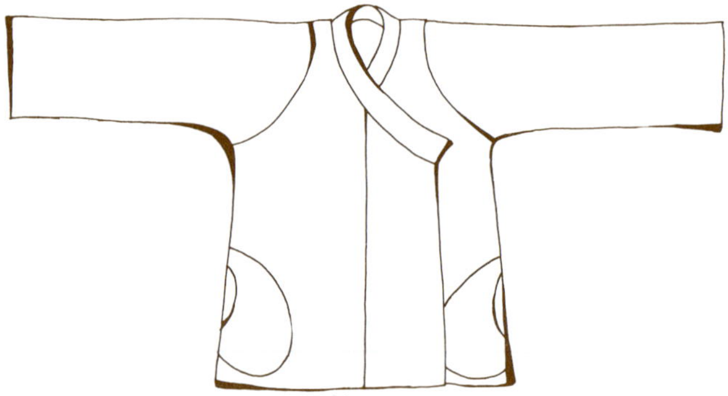

Abb. 8a

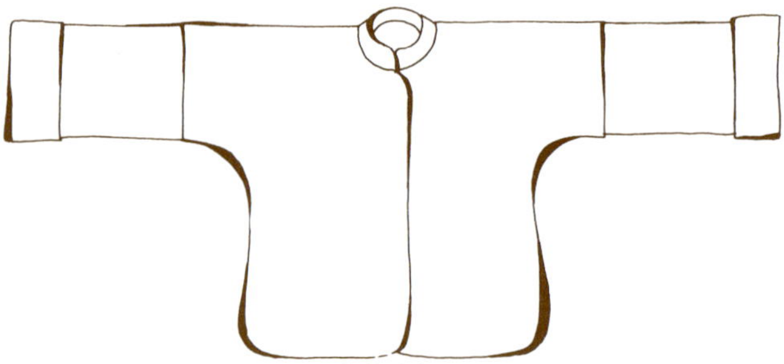

Abb. 8b

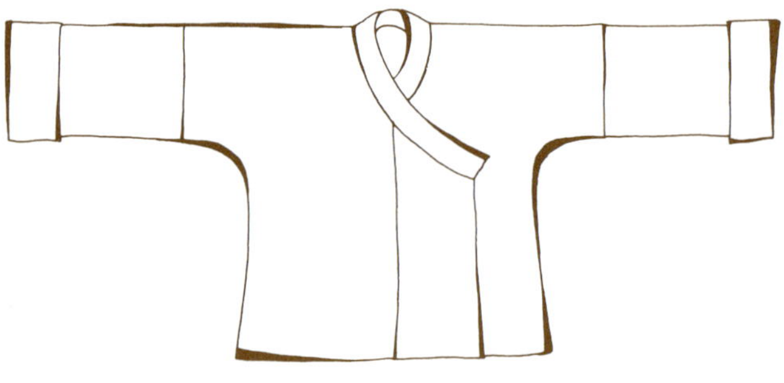

Kombination a und b ergibt c.
Abb. 8c

Arbeitsgang

Wenn Sie nach eigenen Ideen nähen wollen, müssen Sie selbst herausfinden, welche Reihenfolge beim Nähen im einzelnen Fall zweckmäßig ist. Im Buch sind verschiedene Verfahrensweisen für Hosen, Jacken und Blusen angegeben, je nach angewendeter Technik.
Lesen Sie die Arbeitsanleitungen durch, die die Technik beschreiben, die Sie verwenden wollen, und finden Sie so heraus, welcher Arbeitsgang am sinnvollsten für Sie ist.

Auflegen des Schnittmusters auf den Stoff, Markieren und Zuschneiden

Blusen-, Jacken- und Hosenschnitte bestehen aus einem vorderen und einem rückwärtigen Teil. Jedes Teil macht ein Viertel des Gesamtumfanges aus. Die beiden Schnittmusterteile werden in doppelter Stofflage zugeschnitten; der Stoff ist rechts auf rechts gefaltet. Dadurch bekommen Sie von jedem Teil zwei Stücke, die seitenverkehrt sind und zusammen ein ganzes Vorder- oder Rückenteil ergeben. Für Oberteile legt man am besten die Mittellinie des Schnittmusters an den Stoffbruch und vermeidet so die Mittelnaht.

Stoff

Der Stoff wird so rechts auf rechts gefaltet, daß die Webkanten aufeinanderliegen und parallel verlaufen. Befestigen Sie eventuell die Kanten mit Stecknadeln, damit sie nicht verrutschen können. Benötigen Sie an zwei Stellen einen Stoffbruch, breiten Sie den Stoff ganz aus, und legen Sie die beiden Webkanten auf die Mitte oder dorthin, wo es für das gewählte Schnittmuster am günstigsten ist (Abb. 9a, b und c).
Denken Sie daran, daß fast alle Baumwollstoffe einlaufen – in der Regel etwas mehr in der Länge als in der Breite. Es ist daher ratsam, sie vorher zu waschen.
Bei Stoffen mit Flor (Cord und Velour) und bei Stoffen, bei denen man das Schnittmuster nicht in beide Richtungen auflegen kann, müssen Sie daran denken, alle Musterteile in derselben Richtung aufzulegen, wenn Sie überall dieselbe Farbnuance oder dasselbe Muster wollen. Bei den meisten Stoffen können Sie allerdings das Schnittmuster in beide Richtungen auflegen.

Abb. 9a

Abb. 9b

Abb. 9c

Stoffe, die senkrecht und waagerecht mit demselben Faden und in derselben Dichte gewebt sind, sind in der Regel in beiden Richtungen gleich strapazierfähig. Die meisten anderen Stoffe sind dem Fadenlauf (verläuft parallel zur Webkante) nach am haltbarsten.

Auflegen des Schnittmusters auf den Stoff

Damit der Stoff sich nicht verzieht, legt man das Schnittmuster so auf, daß der eingezeichnete Pfeil, der den Fadenlauf anzeigt, parallel zur Webkante (sie zeigt den Fadenlauf an) verläuft (Abb. 10a und b). Der Stoff muß ganz glatt liegen. Wenn er geknittert ist oder Falten hat, sollte er zuerst gebügelt werden. Dies gilt auch für das Schnittmuster, das sehr schwer aufzulegen ist, wenn es geknittert ist.
Für jedes Modell gibt es eine Zeichnung des Schnittmusterauflegens für die Größe 7 Jahre. Dies bedeutet aber nicht, daß das Auflegen von größeren und kleineren Größen genauso erfolgen kann.
Legen Sie die Schnittmusterteile so auf den Stoff, daß noch genügend Platz für die Nahtzugabe* bleibt. Zuerst die großen Teile auflegen, dann die kleinen. Rücken Sie die Musterteile hin und her oder falten Sie den Stoff anders, und finden Sie so heraus, wie Sie am wenigsten Stoffverschnitt haben.
Legen Sie möglichst alle Schnittmusterteile auf den Stoff, bevor Sie mit dem Zuschneiden beginnen. Nur so haben Sie die Gewißheit, daß alle Teile ihren Platz auf dem Stoff finden. Stecken Sie die Schnittmusterteile mit Stecknadeln fest. Bewahren Sie die kleinen Reste für Patchwork, Applikationen oder andere Kleinigkeiten auf.

Nahtzugabe

Die Nahtzugabe ist das Stückchen Stoff, das von der äußeren Schnittkante bis zur genähten Naht (Kante des Schnittmusters) reicht.
Für den Halsausschnitt, den rückwärtigen Teil einer Hose und für andere runde Nähte berechnet man eine Nahtzugabe von 1 cm.
Für Kanten, die mit Schrägband eingefaßt werden (Außenkanten), berechnet man $^1/_2$ cm bzw. keine Nahtzugabe – je nachdem, wie man den Schrägstreifen annäht (siehe S. 94).
Für Ärmel-/Seiten-* und Schulternähte berechnet man 1–2 cm Nahtzugabe. Wenn Sie nur 1 cm berechnen, müssen Sie sich ganz sicher sein, daß das Schnittmuster groß genug ist.
Man berechnet für die Säume (unten) an Ärmeln und Hosenbeinen reichlich Nahtzugabe, damit man die Kleidungsstücke verlängern kann.

Verwenden Sie ein Doppelkopierrädchen oder ein Maßband zum Abmessen der Nahtzugabe und Schneiderkreide* zum Markieren.

Zuschneiden und Markieren

Schneiden Sie entlang der Kreidestriche. Markieren Sie vordere Mitte, rückwärtige Mitte, Schulter, eventuelle Taschen etc. mit Schneiderkreide* oder Heftstichen, oder schneiden Sie einen kleinen Zacken in die Nahtzugabe (Abb. 10b).

Es ist eine große Hilfe, wenn man alle Nahtlinien markiert. Zeichnen Sie deshalb das ganze Schnittmuster auf den Stoff. Die Nahtlinien übertragen Sie mit Rädchen* und Kopierpapier* auf den zweiten unteren Teil des Stoffes. So können Sie auch Markierungen übertragen.

Zum Schluß nehmen Sie das Schnittmuster vom Stoff.

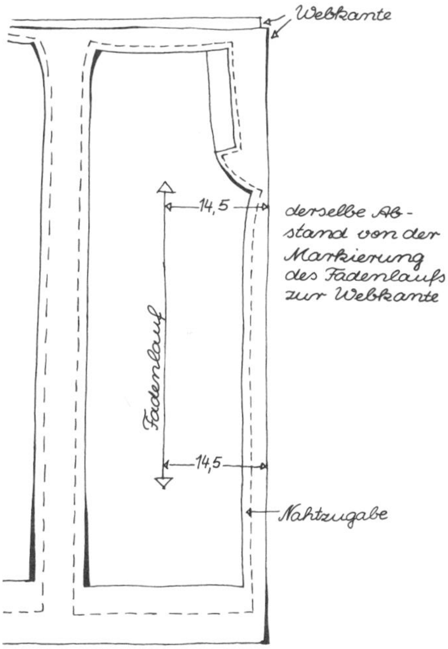

Abb. 10 a

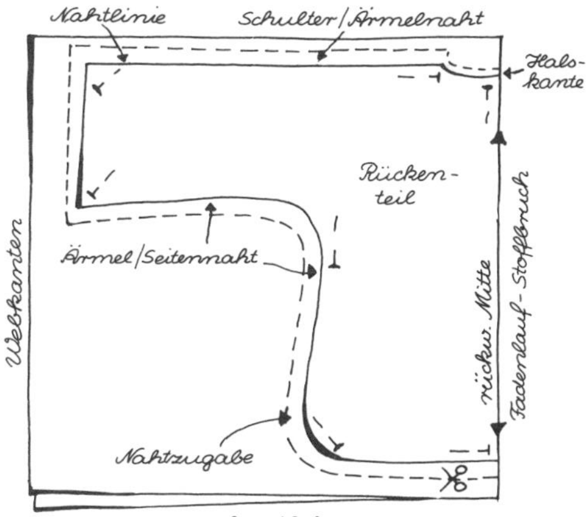

Abb. 10 b

Zusammenstecken, Heften, Bügeln und Anprobe

Wieviel Sie mit Nadeln zusammenstecken und wieviel Sie mit Faden heften sollten, hängt davon ab, wie geübt Sie im Nähen sind, was Sie gerade nähen und wie genau Sie die Arbeit machen möchten.
An den Stellen, an denen in der Arbeitsanleitung „stekken“ oder „heften“ steht, lohnt es sich für Qualität und Ergebnis, diesen Rat zu befolgen.

Zusammenstecken

Wenn Sie die Teile zusammenstecken, befestigen Sie die Nadeln rechtwinklig zur Naht. Glätten Sie erst beide Lagen und stecken Sie dann an beiden Enden, anschließend in der Mitte und von hier aus zurück zu den Enden.

Heften

Fangen Sie mit einem Knoten an und nähen Sie entlang der Nahtlinie mit kleinen Stichen (1/2–1 cm), da die Stofflagen sonst leicht verrutschen. Vermeiden Sie, mit der Maschine direkt auf dem Heftfaden zu nähen, da er sich sonst sehr schwer entfernen läßt (Abb. 12).
Einfache Sachen brauchen Sie nicht zu heften, man kann hier entlang den Nadeln nähen (Abb. 11).

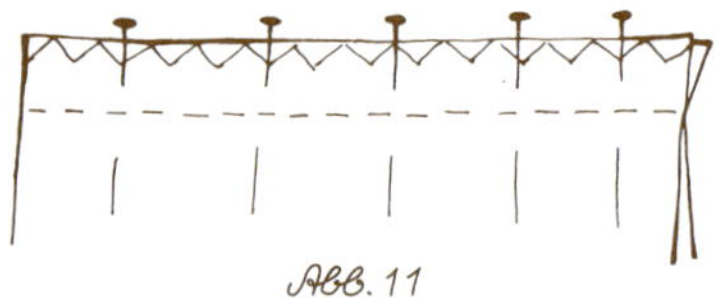

Abb. 11

Abb. 12

Bügeln

Bügeln Sie das Kleidungsstück zwischendurch. Es erleichtert das Nähen, wenn die Nähte gebügelt sind, und das Kleidungsstück sieht schöner aus, wenn es fertig ist.
Bügeln Sie immer von links. Zum Bügeln verwenden Sie ein Dampfbügeleisen oder ein feuchtes Baumwolltuch, eine Windel oder ein Geschirrtuch. Das Tuch legen Sie auf das Kleidungsstück und bügeln dies dann mit dem heißen Bügeleisen. Cord wird nur leicht gebügelt, Velour darf nur gedämpft werden. Das heiße Eisen wird *kurz* und ohne

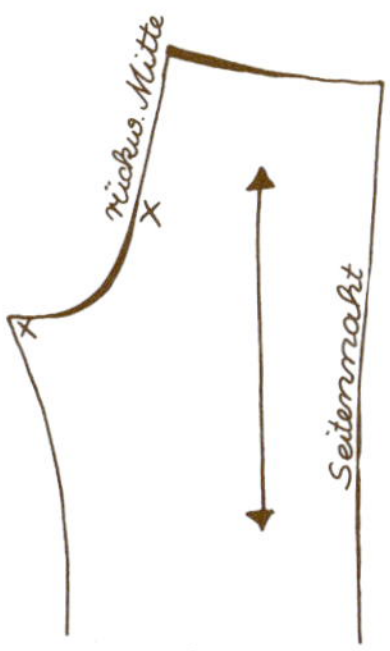

Abb. 13

Druck auf das feuchte, ausgewrungene Tuch gehalten, damit der Flor nicht plattgedrückt wird. Vermeiden Sie das Bügeln, wenn Nadeln im Kleidungsstück sind; sie hinterlassen Druckstellen.

Bügeln Sie keine gesteppten Sachen, da diese sonst „platt" werden. Wenn Sie nicht genau wissen, wie heiß der Stoff gebügelt werden darf, probieren Sie es erst auf einem Stückchen. Sie wissen dann sicher, daß Sie das Kleidungsstück nicht „zerstören" und die Mühe nicht umsonst war.

Die rückwärtigen Teile einer Hose werden gebügelt und dabei der Länge nach gedehnt, bevor sie zusammengenäht werden. Dadurch sitzt die Hose besser, wenn sie fertig ist. Legen Sie das Bügeltuch auf die zusammengehefteten, rückwärtigen Hosenteile und bügeln Sie, während Sie von *x* zu *x* dehnen (Abb. 13).

Bei leichten Baumwollstoffen genügt es, die Naht zu bügeln.

Anprobe

Es ist vorteilhaft, das Kind das Kleidungsstück anprobieren zu lassen, bevor Sie es zusammennähen, da nicht alle Kinder die Kleidung gleich eng/weit, kurz/lang haben möchten.

Außerdem ist es oft schwierig, sich vorzustellen, wie das Kleidungsstück ausfällt, besonders wenn man zum ersten Mal einen Schnitt verwendet. Vorteilhaft ist eine Anprobe auch wegen der Stoffqualität: Jeder Stoff „fällt" anders, und Sie können doch noch einiges beeinflussen.

Wenn Sie sichergehen wollen, daß das Kleidungsstück eine gute Paßform hat, ist es wichtig, das Schnittmuster nachzuprüfen und eventuell nach der Maßtabelle zu verändern, da nicht alles bei der Anprobe erfolgreich geändert werden kann. Es ist am günstigsten, das Kleidungsstück vor der Anprobe zu heften, da Stecknadeln leicht hängen bleiben oder stechen. Bei Kleidungsstücken mit fester Taille (Bund oder Gummizug) muß man den Sitz der Taille nachprüfen, bevor man zu nähen beginnt.

Nähte

Normale Naht/Steppnaht: Sie wird mit mittlerer Stichlänge genäht (2–3 mm). Am Anfang und am Ende näht man vor und zurück, um den Faden zu befestigen. Wenn Sie eine Ecke nähen, stellen Sie das Füßchen nach oben und lassen die Nadel im Stoff stecken; nun drehen Sie den Stoff, senken das Füßchen wieder und nähen normal weiter.

Elastischen Stoff näht man am besten mit kleinen Zickzack-Stichen* (Breite und Länge 1-1 1/2 mm) über einen dünnen Gummifaden. Dehnen Sie den Faden während dem Nähen leicht (nicht zu stark ziehen). Die Naht leicht bügeln. Stretchstoffe säumt man am besten von Hand (siehe *Umnähen von elastischen Stoffen* S. 94), es sei denn, die Maschine hat einen speziellen Stretchstich. Machen Sie zuerst eine kleine Probe, bevor Sie mit der Arbeit beginnen.

Abb. 14a

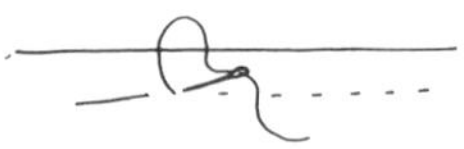

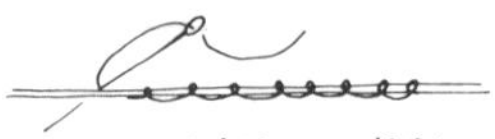

Abb. 14b fast unsichtbare Naht

Abb. 14c ganz dichte Stiche, sehr haltbar

Steppstich: Ihn braucht man für handgenähte Nähte. Stechen Sie von unten durch den Stoff, hinter dem Faden wieder nach unten, dann ein Stückchen weiter vorne wieder nach oben, hinter dem Faden wieder nach unten etc. (Abb. 14a). Sie können die Stichlänge variieren, je nachdem wie sichtbar oder wie haltbar die Naht werden soll (Abb. 14b und c).

Kantnaht (knappkantig absteppen): Sie wird ca. 2 mm vor der Kante genäht und soll verhindern, daß doppelter Stoff verrutscht. Man benutzt sie oft auch als Ziernaht. Damit die Naht ganz gerade wird, lassen Sie die Kante des Stoffes z. B. entlang der inneren Kante des Füßchens laufen.

Kanten versäubern: Um zu vermeiden, daß die Kanten fransen, näht man mit Zickzack-Stichen, Stichlänge und -breite 2–3 mm, einmal an der Kante entlang. Haben Sie keine Nähmaschine mit Zickzack-Stichen, versäubern Sie die Kanten von Hand (Abb. 14d).

Abb. 14d

Zickzack-Stiche braucht man auch, um die hintere Naht einer Hose und andere Nähte, die sehr belastet werden, zu verstärken. Verwenden Sie eine Stichlänge und -breite von 1 mm.

Abb. 14e

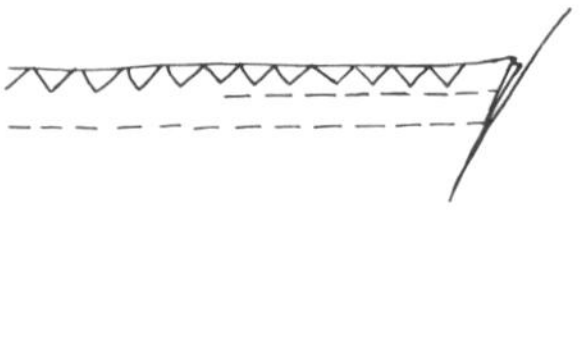

Nahtzugabe feststeppen: Versäubern Sie beide Kanten zusammen – mit Zickzack-Stichen oder von Hand –, wenn Sie dies nicht schon vorher bei den einzelnen Teilen gemacht haben. Legen Sie die Nahtzugabe zur einen Seite um, und steppen Sie sie ca. 1/2 cm vor der Naht fest (Abb. 14e). Soll die Nahtzugabe doppelt festgesteppt werden, nähen Sie zuerst ca. 1/4 cm von der Naht und dann 1/2 cm von dieser Naht entfernt. Die Nähte werden schöner, wenn Sie sie von rechts nähen (siehe auch *Ziernähte* S. 116).

Abb. 14 f

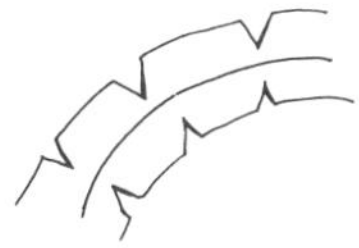

Gebogene Naht: Damit eine gebogene Naht eine schöne Rundung bekommt, schneiden Sie kleine Zacken in die Nahtzugabe (Abb. 14f).

Abb. 14 g

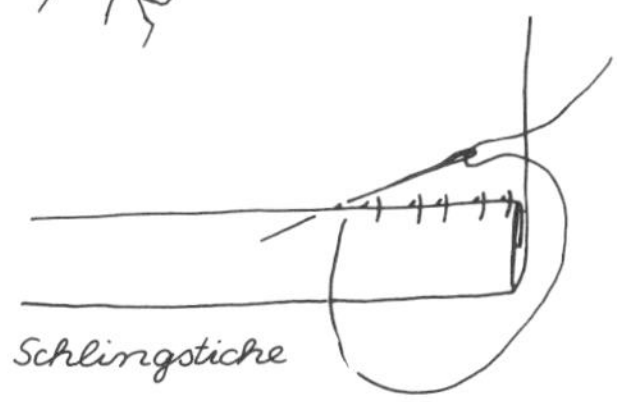

Säumen/Umnähen: Die Kante wird doppelt umgelegt: Schlagen Sie erst 1/2 cm und dann 1 1/2 cm ein, so daß die Kante verdeckt ist. Dieser Saum wird mit der Maschine festgesteppt oder von Hand an der eingeschlagenen Kante festgenäht (Abb. 14g). Diese Art des Umnähens läßt sich auch für Tunnel an Kanten benutzen (Abb. 14h).

Abb. 14 h

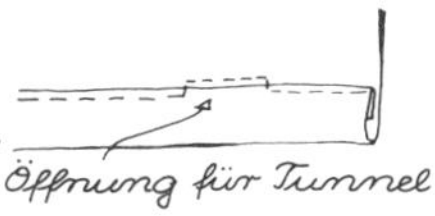

Schlingstiche braucht man zum Säumen und an den meisten anderen Stellen, an denen etwas von Hand umgenäht werden soll (Abb. 14g).

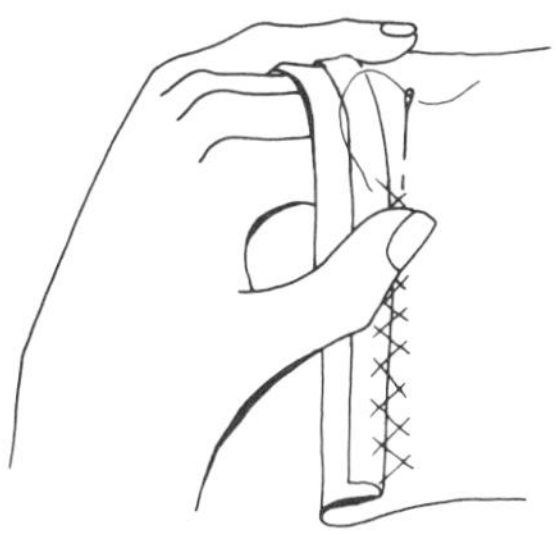

Abb. 14 i

Hexenstiche benutzt man zum Umnähen von Kleidern, Röcken und anderen Kleidungsstücken, bei denen das Umgenähte von rechts unsichtbar bleiben soll. Die Stiche sind zwar schneller zu nähen als Schlingstiche, dafür aber nicht so haltbar, da man wegen der lockeren Nähweise leichter mal im Saum hängen bleibt. Daher sind die Hexenstiche zum Umnähen von Kinderhosen nicht besonders geeignet. Die von Hand oder mit der Maschine versäuberte Kante wird einfach eingeschlagen. Spannen Sie den Stoff zwischen dem Daumen und dem kleinen Finger der linken Hand (Abb. 14i). Die Stiche werden von einer Seite zur anderen – über die Kante hinweg – genäht. Nehmen Sie mit der Nadel immer nur einen Faden des Außenstoffes, damit die Stiche von rechts nicht zu sehen sind, und ziehen Sie den Nähfaden nicht zu stark an. Die Nadel stecken Sie gegen sich (auf Sie zu) in den Stoff, und die Stiche näht man in die entgegengesetzte Richtung.

Säumen/Umnähen von elastischen Stoffen: Hat Ihre Maschine einen speziellen Stretchstich, verwenden Sie diesen. Andernfalls nehmen Sie Schlingstiche, Hexenstiche oder kurze, nicht zu dichte Zickzack-Stiche. Nähen Sie über einen straff gespannten Faden einer abweichenden Farbe, damit sich der Saum nicht wellt. Den Saum leicht bügeln, bevor Sie den Faden wieder entfernen.

Kräuselfaden näht man mit der größten Stichlänge und sehr loser Spannung des Oberfadens. Nähen Sie eine Naht auf jeder Seite der Nahtlinie in einem Abstand von 1/4–1/2 cm. Ziehen Sie die unteren Fäden zusammen, bis der Stoff die gewünschte Breite hat. Verteilen Sie die Kräusel, und verknoten Sie die Fäden. Steppen Sie jetzt normal in der Nahtlinie, und entfernen Sie die Kräuselfäden.

Elastische Nähte/Smok: Verwenden Sie einen dünnen Gummifaden als Unterfaden (muß während des Aufspulens gedehnt werden). Nähen Sie in einem Abstand von ca. 1/2 cm mit Stichlänge 3–4 mm so viele Nähte, wie Sie brauchen. Die Nähte werden z. B. am Handgelenk, in der Taille und zur Verzierung* verwendet. Sie sind am besten für leichte Baumwollstoffe geeignet.

Schrägband

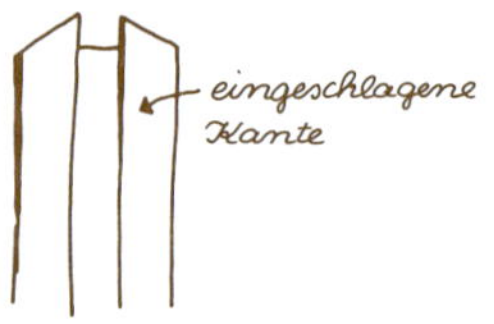

Es geht einfach und schnell, die Nähte eines Kleidungsstücks mit Schrägband einzufassen. Schrägband kann man auch als *Verzierung** verwenden. Für *Bändchen* und *Schlaufen** faltet man es ein- oder zweimal der Länge nach und steppt es zusammen. Will man es für einen inwendigen *Tunnel* benutzen, steppt man es einfach unten und oben fest. Nun kann man ein Gummiband durchziehen (Öffnung nicht vergessen, siehe S. 93). Schrägband gibt es in allen Farben und in verschiedenen Breiten zu kaufen. Für die Modelle in diesem Buch wurde Schrägband von 1 1/2 cm Breite verwendet.

Schrägstreifen können Sie auch selber aus Baumwollstoff zuschneiden. Schneiden Sie 3–4 cm breite Streifen schräg vom Stoff ab. Sie erreichen dadurch, daß das Band sich gut dehnen läßt. Am einfachsten ist es, wenn Sie den Stoff so falten, daß Sie eine schräge Kante haben, von der aus Sie die Streifen abmessen können (Abb. 15a). Nähen Sie die einzelnen Streifen aneinander (Abb. 15b) und bügeln Sie die Nahtzugabe* auseinander. Die überstehenden kleinen Dreiecke werden abgeschnitten (Abb. 15c). Bügeln Sie eventuell 1/2 bis 3/4 cm Nahtzugabe an jeder Seite des Streifens um, damit er die gewünschte Breite bekommt. Siehe auch *Patchworkkanten* (S. 120).

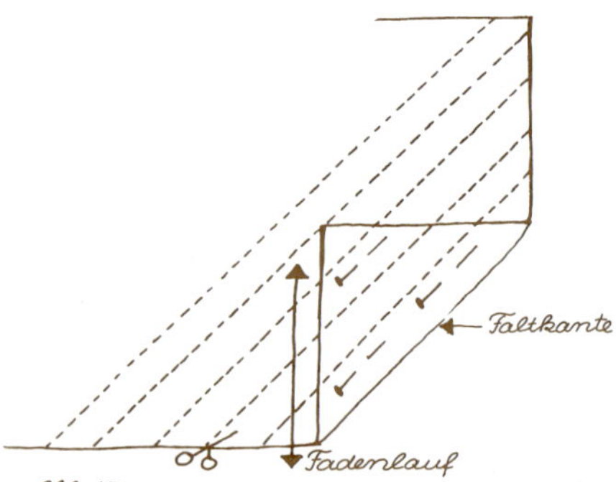

Abb. 15 a

Abb. 15 b

Abb. 15 c

Einfassen *Eine Naht:* Für diese Methode berechnet man nicht viel Nahtzugabe*; die Kante muß ganz gerade geschnitten werden. Das Band wird so um die Kante gelegt, daß es ein bißchen weiter auf die linke als auf die rechte Seite reicht. Man kann eventuell zuerst eine Falte in das Band bügeln. Heften Sie, denn man braucht viel Übung, bis man das Band direkt annähen kann. Steppen Sie es mit einer geraden Naht an der Kante des Schrägbandes entlang von rechts fest (Abb. 16) oder nähen Sie es mit kleinen Zickzack-Stichen an.

Abb. 16

Zwei Nähte: Für diese Methode berechnet man $^1/_2$ cm Nahtzugabe*. Falten Sie die rechte Seite des Bandes auseinander; legen Sie das Band mit der rechten Seite so gegen die linke Seite des Stoffes, daß die Kanten gerade aufeinanderliegen. Steppen Sie das Band in der Faltlinie fest und schneiden Sie eventuell die Kante gerade (Abb. 17). Bei gesteppten Kleidungsstücken oder bei mehreren Lagen Stoff ist es erforderlich, die Kante auf 2–3 mm zurückzuschneiden. Legen Sie jetzt das Band so gegen die rechte Stoffseite, daß die Hälfte sichtbar ist, und steppen Sie es an der Kante fest.

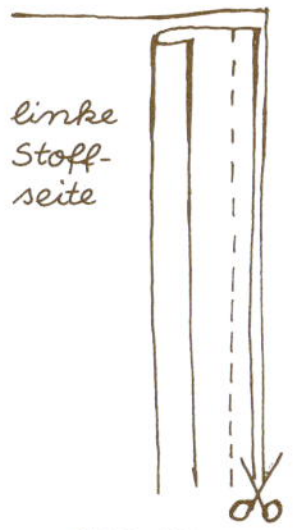

Abb. 17

Wenn man das Schrägband von rechts nicht sehen soll oder z. B. als Tunnel* an der Kante benutzt, berechnet man $^1/_2$ cm Nahtzugabe. Falten Sie die rechte Seite des Bandes auseinander; legen Sie das Band rechts auf rechts so auf den Stoff, daß die Kanten aufeinanderliegen. Steppen Sie es in der Faltlinie fest, und legen sie es in der vollen Breite nach links um. Von Hand mit Schlingstichen* oder mit der Maschine festnähen.

Abb. 18a

Sorgen Sie dafür, daß das Band an den geraden Kanten ganz glatt liegt, da es sich sonst wellt (es ist dann zu locker) oder es spannt (es ist zu stark angezogen worden).

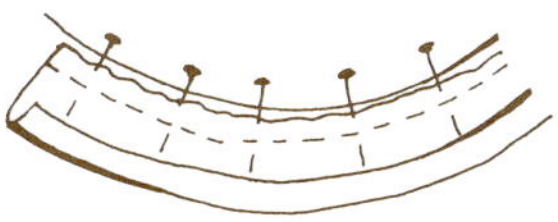
Abb. 18b

Bei *nach außen gebogenen Kanten* wird das Band leicht gedehnt (Abb. 18a), bei *nach innen gebogenen Kanten* wird es ein wenig eingehalten (Abb. 18b).

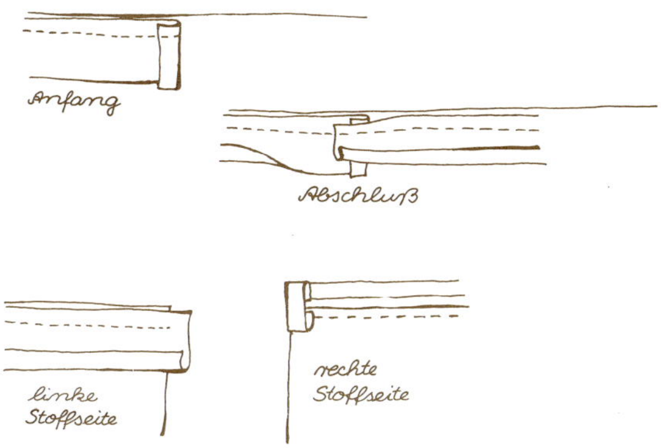

Abschluß an der Kante
Abb. 19a

Abb. 19 b

Ecken und Schlitze: Wenn Sie eine Ecke nähen wollen, drehen Sie das Kleidungsstück und das Schrägband, während die Nadel im Stoff steckt und das Füßchen hochgezogen ist. Legen Sie in das Band eine kleine Falte, wenn Sie es auf die rechte Seite umlegen möchten (Abb. 19).
Bei Schlitzen nähen Sie das Schrägband bis unten fest, drehen dann das Kleidungsstück und nähen es nun in die entgegengesetzte Richtung auf der anderen Seite an. Schneiden Sie am Schlitzanfang einen kleinen Zacken in die Nahtzugabe (bis zur Naht). Legen Sie dann das Band auf die rechte Seite und steppen* Sie es fest. Das kleine Dreieck im Schrägband, das unten im Schlitz vorsteht, nähen Sie von links mit einer geraden Naht zusammen (Abb. 20a und b).

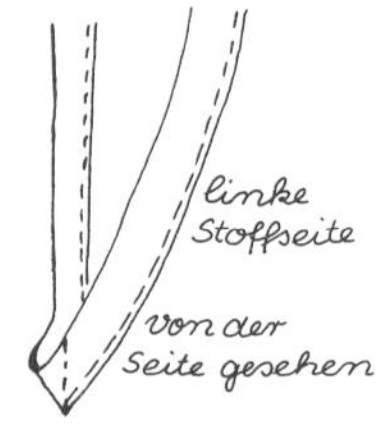

Abb. 20 a

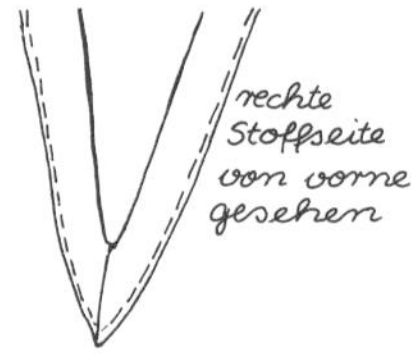

Abb. 20 b

Sie können auch einen Schlitz (z. B. an der Seite) einfassen, indem Sie mit dem Einfassen am Schlitzanfang beginnen, das ganze Teil unten einfassen und hier wieder enden (Abb. 21a). Nähen Sie eventuell mit dichten Zickzack-Stichen am Ende des Schlitzes vor und zurück oder nähen Sie ein Stückchen Stoff auf (Abb. 21b). Befindet sich der Schlitz nicht in der Naht, *müssen* Sie ein Stoffstück aufnähen.

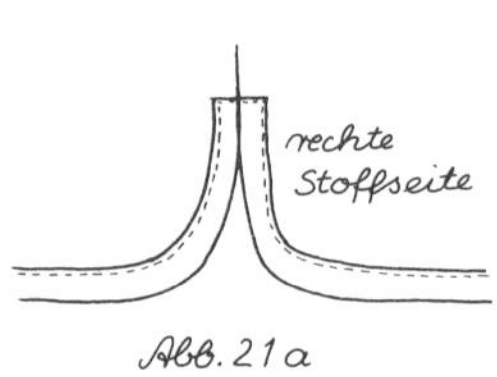

Abb. 21 a

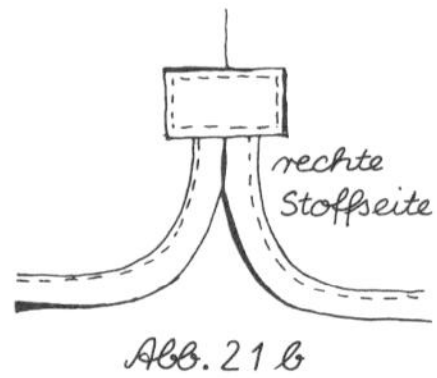

Abb. 21 b

Schrägband über eine Nahtzugabe nähen

Bei gesteppten Kleidungsstücken ist es besonders schön und auch am haltbarsten, wenn man Schrägband über die Nahtzugabe näht. Außerdem kann man sie dann von beiden Seiten tragen.

Leicht gebogene und gerade Nähte: Wenn Sie eine leicht gebogene oder gerade Naht nähen, schneiden Sie die Nahtzugabe* auf 1/2 cm zurück und legen sie zur Seite um. Das Band über die Nahtzugabe legen und auf beiden Seiten feststeppen (die Nähte sind von rechts sichtbar).

Ärmel-/Seitennaht (Ärmel- und Seitennaht durchgehend genäht; siehe auch Abb. 10b). Bei Ärmel-/Seitennähten und anderen Nähten, an die man mit der Nähmaschine schlecht kommt, oder wenn man vermeiden will, daß die Nähte von rechts sichtbar sind, wird das Band wie bei *zwei Nähten** (Abb. 17) über die Naht genäht.

Reißverschlüsse

Es gibt feine und grobe Reißverschlüsse, aus Nylon oder Metall. Wählen Sie einen Reißverschluß, der zu der Qualität des Stoffes paßt. Einen zu langen Reißverschluß kann man ein Stück abschneiden (nehmen Sie eine alte Schere); man muß dann aber die Zacken am Ende gut zusammennähen, damit der Reißverschluß unten nicht auseinanderrutscht. Die Länge eines Reißverschlusses wird am Verschluß selbst gemessen (an den Zacken) und nicht am Band, das an beiden Enden ca. 2 cm länger ist.
Man näht am besten mit dem Reißverschlußfuß. So wird das Ergebnis am schönsten.

Verdeckter Reißverschluß

Berechnen Sie für den Reißverschluß am Schlitz 2 cm Nahtzugabe*.
Lassen Sie beim Nähen von der Naht immer 1 cm mehr offen, als der Reißverschluß lang ist. Wenn Sie am oberen Ende des Reißverschlusses noch Schrägband oder Schlaufe* und Knopf annähen wollen, müssen Sie hierfür genügend Platz berechnen.
Nahtzugabe umbügeln. Reißverschluß öffnen und die linke Hälfte mit der rechten Seite nach unten so auf den Stoff legen, daß die Zacken entlang der umgebügelten Kante verlaufen. Feststecken und heften. Die beiden umgebügelten Kanten aneinanderlegen und mit Hexenstichen* von rechts so festheften, daß die Kanten aneinanderstoßen (Abb. 22a). Reißverschluß schließen und rechte Seite festheften.
Mit der Maschine von links annähen. Mit Steppstichen* von Hand rechts festnähen. Dabei an der oberen linken Ecke beginnen und in einem Abstand von $1/2$ cm von den Zacken rundum nähen. Eine zusätzliche Naht der Kante entlang anbringen (Abb. 22b und c) oder von Hand mit Schlingstichen* nochmals nähen.

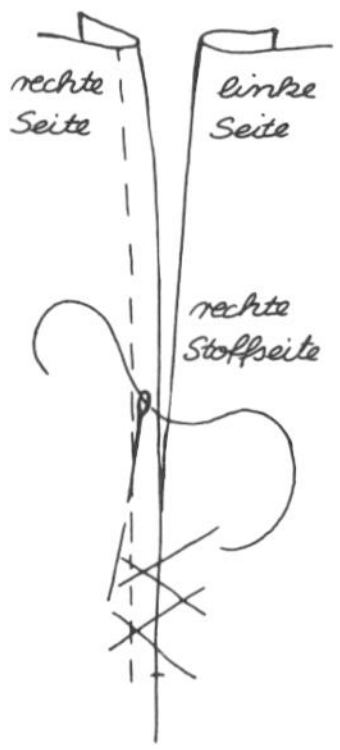

Abb. 22 a

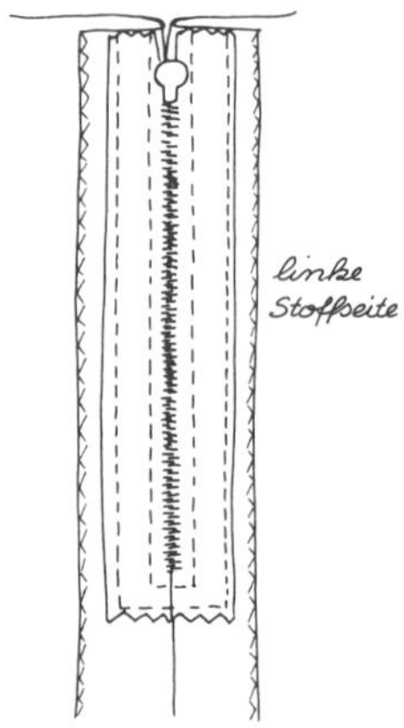

Abb. 22 b

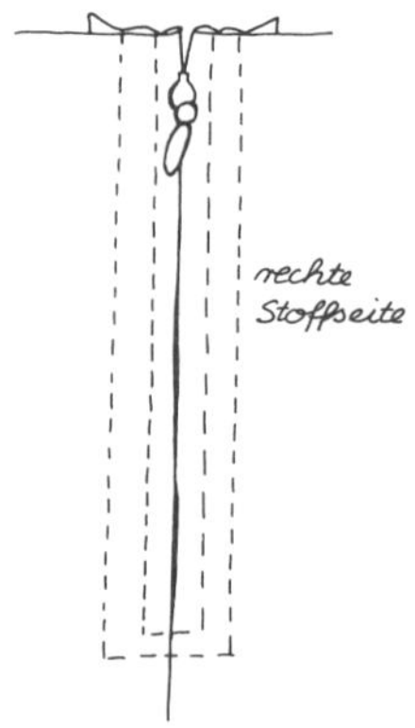

Abb. 22 c

Reißverschluß im Hosenschlitz

Schneiden Sie an beiden Vorderteilen den Hosenschlitz 3 cm länger als der Reißverschluß ist, und geben Sie 3 cm Nahtzugabe* zu (Abb. 23a). Vordere Mitte markieren*. Lassen Sie die Naht in der Länge des Reißverschlusses + 1 cm offen. Wollen Sie die obere Kante mit Schrägband einfassen, berechnen Sie dafür die nötige Nahtzugabe. Schlagen Sie die rechte Seite 1 cm von der vorderen Mitte nach links ein und bügeln Sie die Nahtzugabe (Abb. 23b). Soll der Schlitz schmal sein, falten Sie nur 1/2 cm von der vorderen Mitte aus ein, soll er breit sein, nehmen Sie 2 cm. Reißverschluß öffnen und rechte Hälfte mit der rechten Seite nach oben so unter die gefaltete Kante legen, daß die Zacken vorschauen. Feststecken und heften. Reißverschluß 1/4 cm von der Kante festnähen. Reißverschluß schließen. Linkes Vorderteil an der vorderen Mitte falten

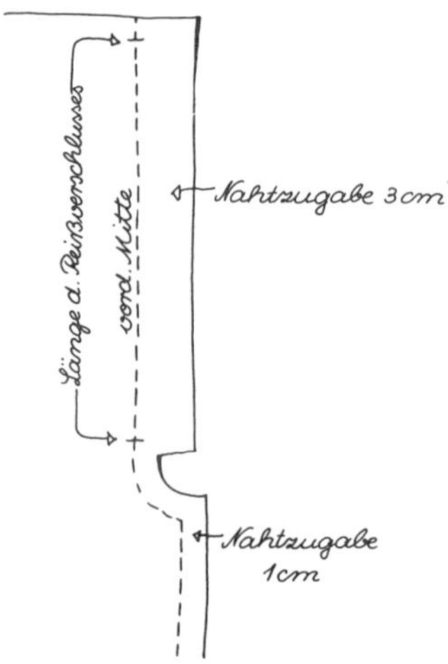

Abb. 23 a

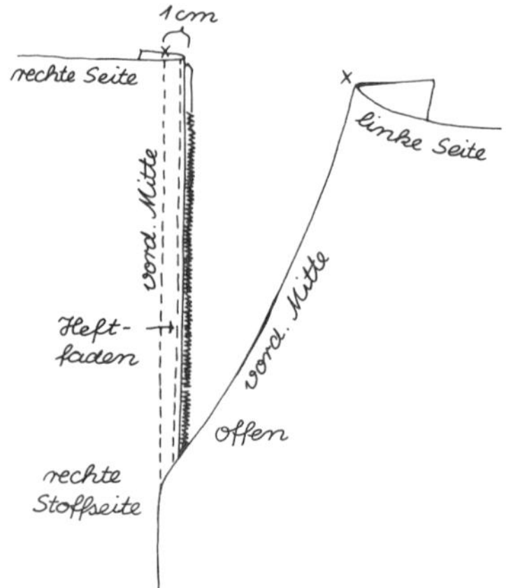

Abb. 23 b

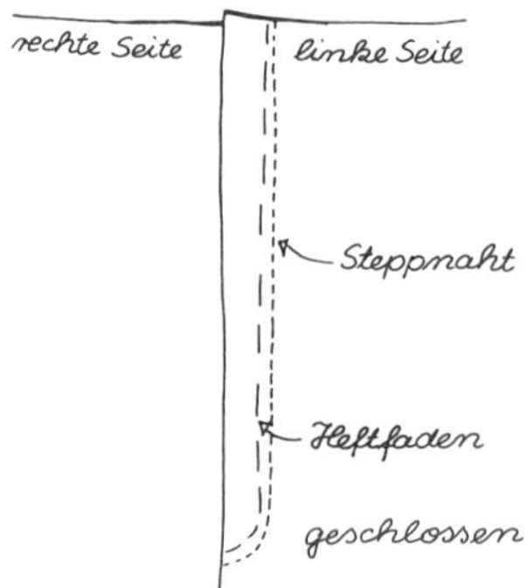

Abb. 23 c

und so gegen das rechte legen, daß linke und rechte Hälfte aneinanderstoßen; heften. Linke Hälfte des Reißverschlusses 1/2 cm von den Zacken an den Übertritt heften und von rechts entlang des Heftfadens festnähen (Abb. 23c). Nähen Sie eventuell von rechts 1/2 cm neben der ersten Naht – innen – eine weitere Naht oder nähen Sie das Band des Reißverschlusses an der Kante mit Schlingstichen* von Hand fest.

Teilbarer Reißverschluß

Einen teilbaren Reißverschluß können Sie wie einen *Reißverschluß im Hosenschlitz** oder wie einen *verdeckten Reißverschluß* einnähen.
Beim verdeckten Reißverschluß befestigen Sie unten den Faden und nähen auf der anderen Seite von unten nach oben und nicht an einem Stück rundum.

Knopflöcher

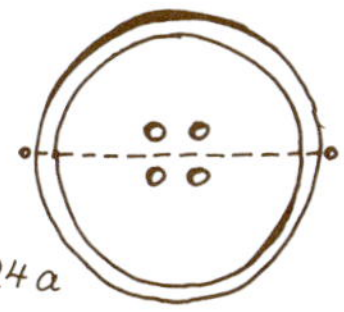
Abb. 24 a

Legen Sie den Knopf an der Stelle, an der Sie das Knopfloch anbringen wollen, auf den Stoff. Der Stoff muß doppelt sein; eventuell auf die linke oder rechte Stoffseite eine Verstärkung aufnähen. Machen Sie einen kleinen Punkt auf jeder Seite des Knopfes. Für einen hohen Knopf müssen Sie 2 mm mehr berechnen. Verbinden Sie die Punkte durch einen waagerechten Strich (Abb. 24a). Sie können die Knopflöcher mit einer Zickzack-Maschine (siehe Anleitung für die Nähmaschine) oder wie folgt von Hand nähen:
Schneiden Sie das Knopfloch auf und versäubern* Sie die Schnittkanten mit normalem Nähgarn. Nähen Sie dann das eigentliche Knopfloch mit Knopflochseide oder einem anderen festen Faden. Beginnen Sie in der unteren linken Ecke und umnähen Sie das ganze Knopfloch mit gleich langen Knopflochstichen (Abb. 24b). Einige Querstiche bilden den Abschluß (Abb. 24c).

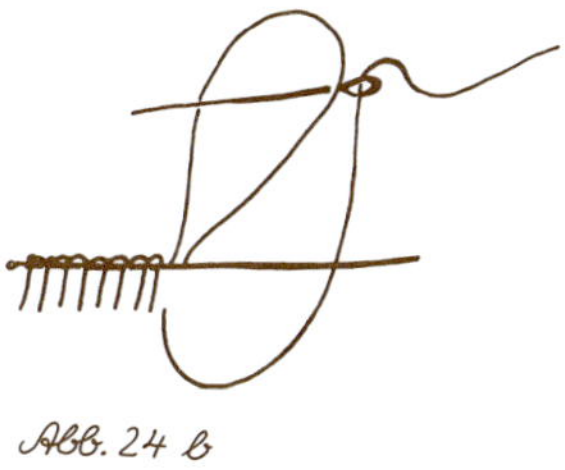
Abb. 24 b

Abb. 24 c

Schlaufen

Für *handgenähte Schlaufen* brauchen Sie einen festen Faden. Die Breite der Schlaufe bestimmen Sie nach dem vorgesehenen Knopf. Nähen Sie vier Fäden so, daß sie einen Bogen bilden, durch den der Knopf paßt. Umnähen Sie die Fäden mit dicht aneinanderliegenden Knopflochstichen*. Dabei achten Sie darauf, daß die Schlaufen der Stiche an der Außenkante des Bogens liegen (Abb. 25).

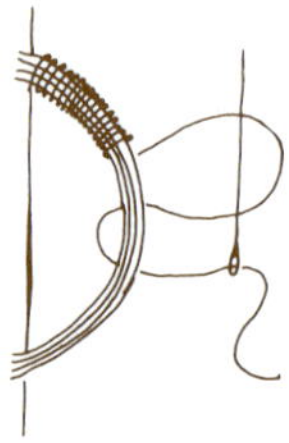

Abb. 25

Schlaufen aus Schrägband: Falten und nähen Sie hierfür ein Stückchen Schrägband ein (Abb. 26) oder zweimal (Abb. 27a und b) der Länge nach zusammen. Legen Sie das Band so, daß es einen Bogen in der Größe des vorgesehenen Knopfes bildet, zusammen (Abb. 28) und nähen Sie die Enden am Stoff an (Abb. 31a und b).

Abb. 26

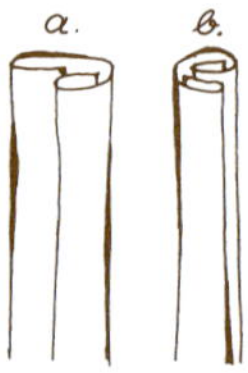

Abb. 27

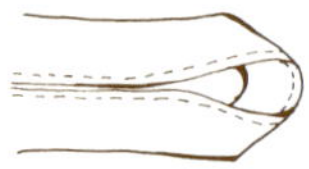

Abb. 28

Schlaufe mit Knoten: Sie benötigen 20 cm gefaltetes und genähtes Bändchen*. Nehmen Sie das Band doppelt und machen Sie einen Knoten. Der Knopf sollte knapp durch die entstandene Schlaufe passen (Abb. 29).

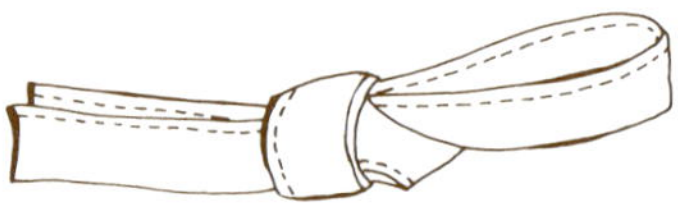

Abb. 29

Knebelverschluß: Stecken Sie ein Stückchen gefaltetes und zusammengenähtes Schrägband durch das Loch des Knopfes. Machen Sie eventuell einen Knoten, und nähen Sie die Enden wie bei einer Schlaufe fest (Abb. 31a und b).

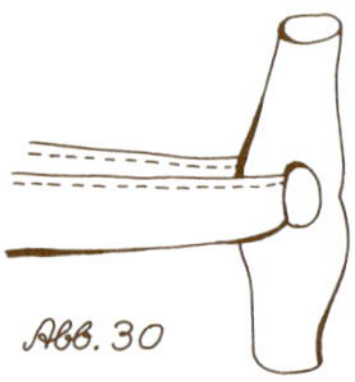

Abb. 30

Annähen der Schlaufen: Legen Sie die Schlaufe so auf den Stoff, daß der Bogen nach innen, also von der Kante weg, zeigt. Festnähen (Abb. 31a), den Bogen nach vorne legen und so nochmals festnähen. Sie können nun noch ein Kreuz aufsteppen (Abb. 31b).

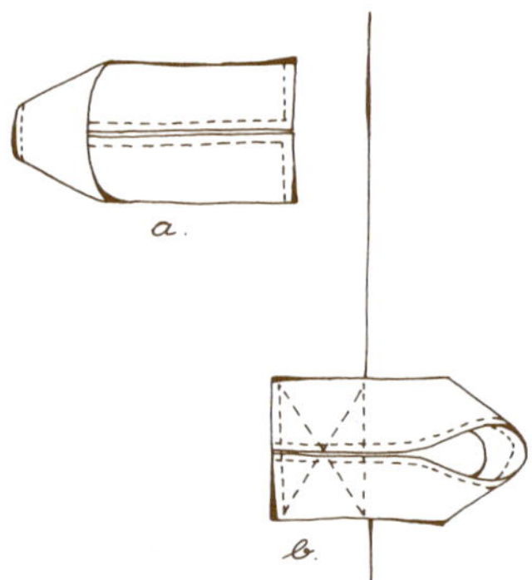

Abb. 31

Knotenknopf

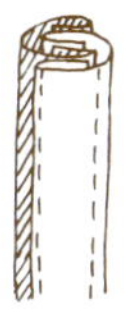

Abb. 32

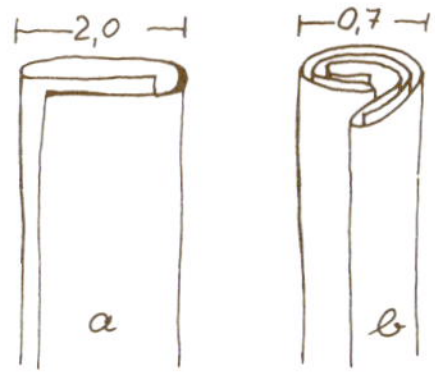

Abb. 33

Für einen Knopf brauchen Sie zwei Stück Schrägband* à 25 cm. Falten Sie die Bänder der Länge nach, legen Sie sie dann ineinander (Abb. 32), und steppen Sie sie auf jeder Seite. Sie können auch einen Streifen Stoff von 25 x 6 cm verwenden. Falten Sie den Streifen auf ca. $^3/_4$ cm zusammen (Abb. 33a und b), und steppen Sie ihn auf beiden Seiten ab. Knoten Sie das Band, wie auf Abb. 34a, b und c zu sehen ist. Ziehen Sie den Knoten langsam und nicht zu fest zusammen. Gleichzeitig beide Enden nach unten ziehen. Nun folgen Sie mit den Fingern den beiden Enden von unten her in Richtung Knoten und ziehen ihn dabei fester an (Abb. 34d). Den Knopf wie eine Schlaufe* annähen. Geschlossen wird der Knotenknopf mit einer Schlaufe.

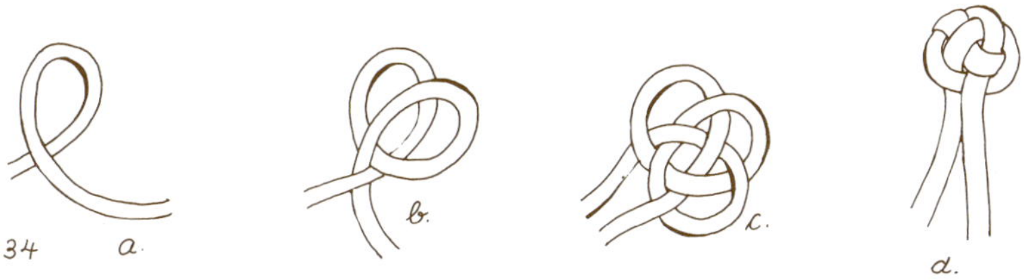

Abb. 34

Taschen

Normale aufgesetzte Taschen können Sie aus einfachem oder doppeltem Stoff, je nach Qualität und Stärke des Stoffes, nähen.

Taschen aus einfachem Stoff: Sie können die Taschen mit Schrägband* einfassen. Nähen Sie das Band von links an den Seiten und am Boden fest. Falten Sie es nun auf die rechte Seite (noch nicht festnähen). Nähen Sie jetzt ein Band an der oberen Kante so fest, daß 1 cm Band an jeder Seite übersteht. Tasche auf dem Kleidungsstück feststekken, die überstehenden Bandenden nach innen stecken und die Tasche feststeppen. Zugleich steppen Sie an den Seiten und am Boden das Schrägband fest (Abb. 35). Sie können die Tasche auch mit Nahtzugabe* zuschneiden, die Kanten mit Zickzack-Stichen* versäubern*, sie nach innen einschlagen und dann die Tasche festnähen. Nähen Sie am Anfang und am Ende der Naht zur Verstärkung einige Male vor und zurück.

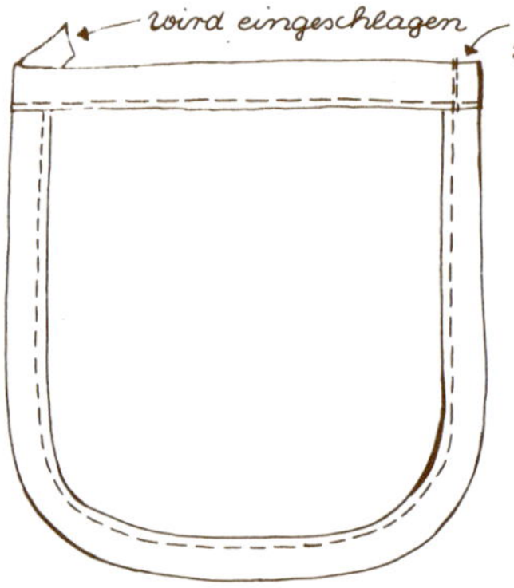

Abb. 35

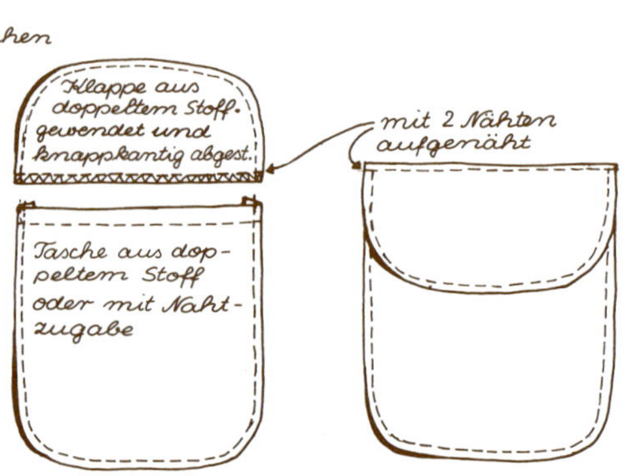

Aufgesetzte Tasche mit Klappe

Taschen aus doppeltem Stoff können Sie ebenfalls mit Schrägband* einfassen (siehe oben). Sie können aber auch folgendermaßen vorgehen: Nähen Sie die beiden Lagen rechts auf rechts an den Seiten und am Boden zusammen, wenden Sie die rechte Seite nach außen und heften Sie die Kante. Nähen Sie ein Schrägband über die obere Kante, so daß es 1 cm an jeder Seite übersteht. Wenn Sie die Tasche festnähen, schlagen Sie die überstehenden Enden nach innen und steppen entlang des Heftfadens. Nähen Sie am Anfang und am Ende der Naht zur Verstärkung einige Male vor und zurück.

Eingesetzte Taschen

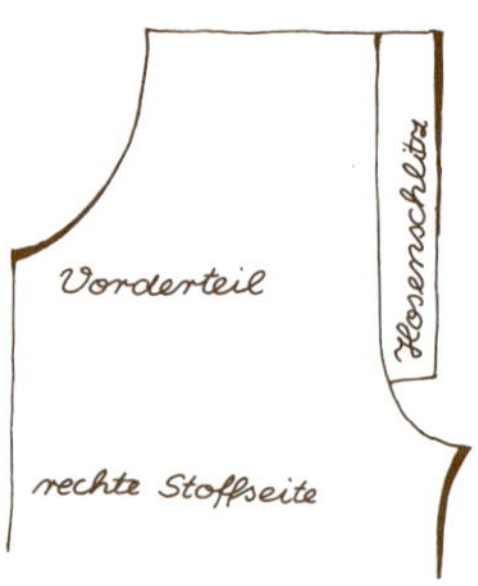

Seitliche Hüftpasse aus demselben Stoff wie die Hose zuschneiden. Taschenbeutel aus doppeltem Stoff (am Bruch) aus einem dünneren Stoff zuschneiden. Stecken Sie die seitliche Hüftpasse mit der linken Seite gegen die rechte Seite des Taschenbeutels. Versäubern* Sie die Kanten zusammen und machen Sie der Kante entlang eine zusätzliche Naht (Abb. 36a). Nähen Sie die Rundung des Taschenbeutels, die keine Hüftpasse hat, an der Taschenrundung der Hose rechts auf rechts fest und schneiden Sie drei kleine Zacken in die Nahtzugabe der Rundung, damit die Naht nicht zieht. Wenden Sie die Tasche und nähen Sie eine oder zwei Kantnähte* an der Rundung. Falten Sie den Taschenbeutel so rechts auf rechts, daß Hose und seitliche Hüftpasse an der Seite und oben aufeinanderpassen (Abb. 36b). Taschenbeutel am Boden mit zwei Nähten zusammennähen und die Naht versäubern. Beutel an der Seite und oben mit Zickzack-Stichen* an der Hose festnähen (Abb. 36c). Ganz festgenäht wird die Tasche, wenn die Seitennaht geschlossen und der Bund genäht wird (Abb. 36d).

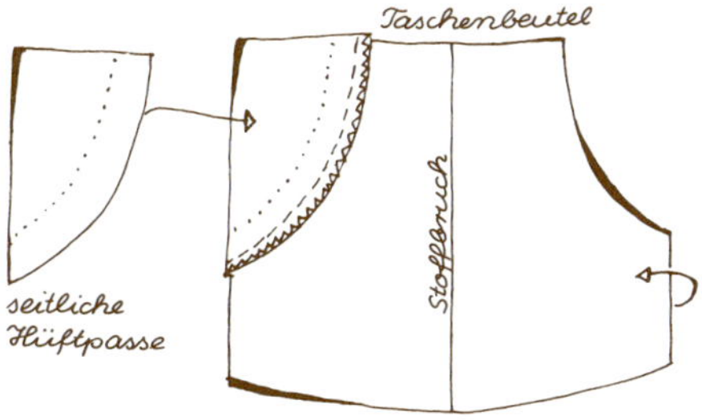

Abb. 36 a

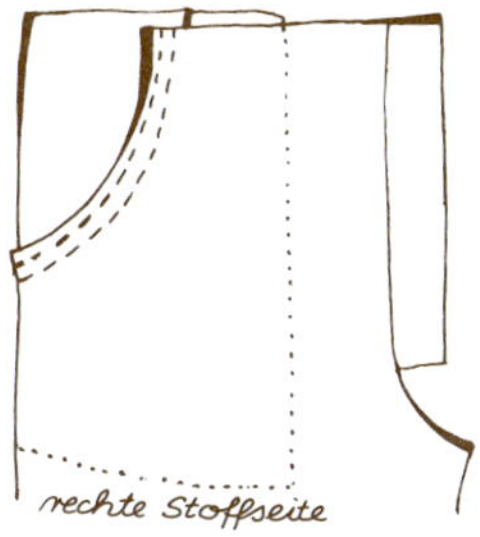

Abb. 36 b

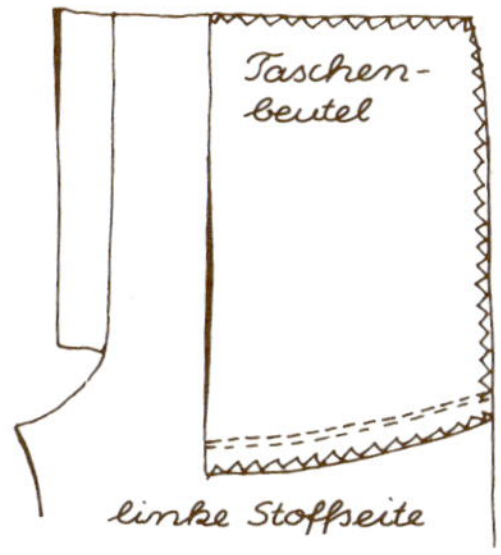

Abb. 36 c

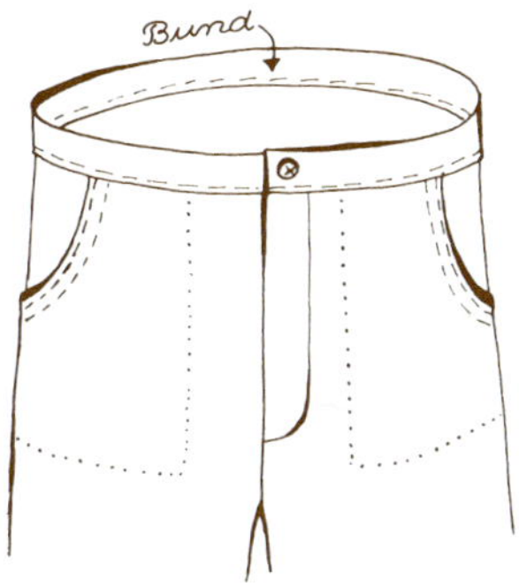

Abb. 36 d

Tasche in der Seitennaht

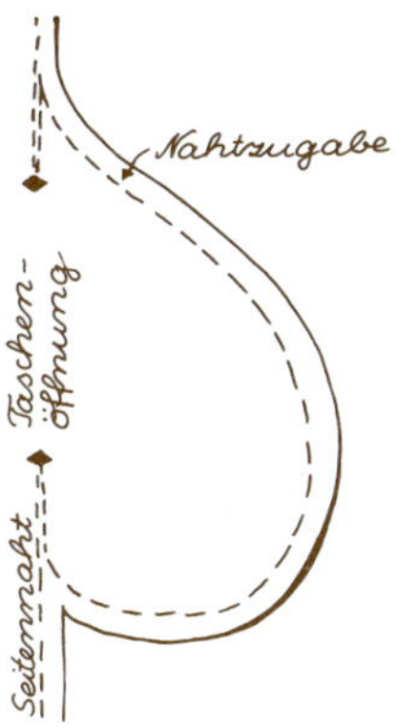

Abb. 37

Die Tasche wird an das Vorder- und Rückenteil angeschnitten (an einem Stück zuschneiden). Bei gesteppten Kleidungsstücken wird die Tasche nur mit dem Außenstoff zugeschnitten, da sie sonst zu dick wird. An der Seitennaht wird dann die Kante des Futters mit Schrägband* versäubert. Haben Sie auf dem Stoff keinen Platz für die Taschen oder möchten Sie die Taschen aus einem dünneren Stoff als dem Außenstoff nähen, weil sie sonst vielleicht zu wuchtig werden, berechnen Sie an der Taschenöffnung des Vorder- und Rückenteils jeweils 3 cm mehr Nahtzugabe*. Die Taschenteile werden dann gesondert zugeschnitten und rechts auf rechts an die beiden Hosenteile angenäht.

Die Tasche wird zusammen mit der Seitennaht geschlossen.

Schließen Sie die Seitennaht bis zur Taschenöffnung. Dann das kurze Stück bis zum eigentlichen Beginn der Tasche zurücknähen und die beiden Taschenteile entlang der Schnittkante zusammennähen. Anschließend müssen Sie auch hier das kurze Stück bis zur Taschenöffnung schließen. Nun zurücknähen und die Seitennaht fortführen (Abb. 37).

Gepaspelte Taschen

Abb. 38 a–f

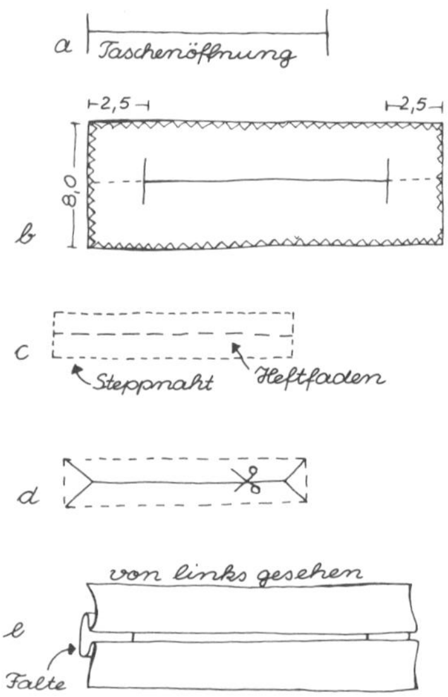

Markieren* Sie die Taschenöffnung auf der rechten Stoffseite (Abb. 38a). Schneiden Sie eine Paspel (das Stück Stoff, das nachher von rechts sichtbar ist) 5 cm länger als die Taschenmarkierung und 8 cm breit, zu. Sie können die Paspel aus demselben Stoff wie das Kleidungsstück oder auch einem andersfarbigen Stoffrest arbeiten. Mit Zickzack-Stichen* versäubern*. Markieren Sie der Länge nach die Mitte der Paspel. Paspel und Stoff rechts auf rechts aufeinanderlegen (Markierung auf Markierung). Die Paspel sollte auf jeder Seite 2,5 cm über die Taschenöffnung hinausragen. Heften Sie in der Markierung beide Lagen zusammen. Breite der Öffnung mit 3–4 Heftstichen auf jeder Seite markieren (Abb. 38b).

Nähen Sie mit der Maschine mit kleinen Stichen in einem Abstand von ca. $^{3}/_{4}$ cm um die Öffnung und befestigen Sie den Faden gut (Abb. 38c).

Schneiden Sie nun die Taschenöffnung, wie auf Abb. 38e gezeigt, auf. Geben Sie acht, daß Sie keine Fäden durchschneiden. Ziehen Sie die Paspel durch die Öffnung. Stoff so legen, daß die Kanten genau über der Öffnung aufeinanderstoßen und sich auf jeder Seite eine kleine Falte bildet (Abb. 38e).

Falte auf jeder Seite von Hand $2\,^{1}/_{2}$ cm zusammennähen. Nähen Sie eventuell kleine Dreiecke an der Falte fest. Wenn Sie die Tasche mit Reißverschluß versehen wollen, nähen Sie ihn nun wie einen *normal verdeckten Reißverschluß** ein. Steppen Sie von rechts in der unteren Nahtkante bzw. dicht daneben. Taschenbeutel in der gewünschten Form, eventuell aus doppeltem Stoff, zuschneiden und die Kanten versäubern. Bringen Sie die Tasche so an, daß mindestens 1 cm Abstand von der oberen Nahtkante und von den Seiten zur Paspel besteht. Tasche auf der linken Seite des Stoffes feststecken und heften. Die Tasche entlang des Heftfadens festnähen. An der oberen Nahtkante und an den Seiten der Öffnung entlangsteppen (Abb. 38f).

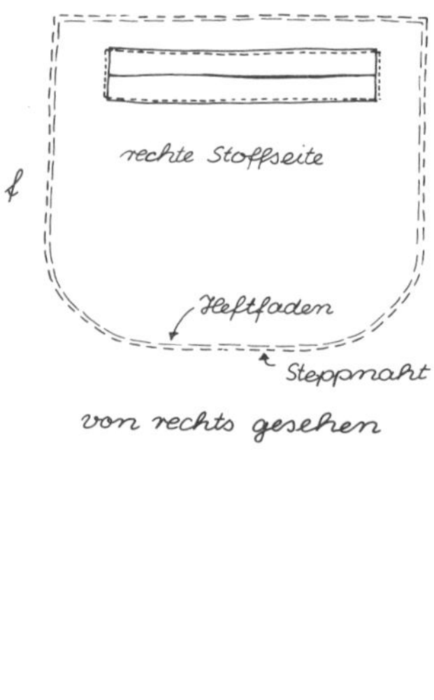

Das Anbringen von Taschen und Flicken

Sollen zwei Taschen oder Flicken sich genau gegenübersitzen, bringen Sie die Tasche/den Flicken mit der rechten Seite nach oben auf der einen Seite des Kleidungsstückes so an, wie Sie es wünschen. Mit Nadeln feststecken. Legen Sie die andere Tasche/den anderen Flicken mit der rechten Seite nach unten darauf. Legen Sie das zweite Stoffteil genau auf das erste und stecken Sie die Tasche/den Flicken fest.

Flicken können Sie mit dichten breiten Zickzack-Stichen* festnähen oder Sie schlagen die Kante ein und steppen den Flicken mit einer geraden Naht auf.

Blenden

Blenden braucht man als Abschluß, als Verzierung und als Verstärkung (z. B. für Knöpfe). Es gibt Blenden sowohl an geraden als auch an gebogenen Kanten.

Eine Blende als Abschluß wird so angenäht, daß sie innen (an der linken Seite) sitzt. Sie ist in der Regel 4–5 cm breit.

Eine Blende als Abschluß und als Verzierung wird außen (auf der rechten Seite) aufgenäht. Sie können sie auch in einer dekorativen Form (z. B. gebogen) zuschneiden.

Eine Blende nur als Verzierung, wenn die Kanten ohnehin mit Schrägband* eingefaßt werden, legt man so mit der linken Seite auf die rechte Stoffseite, daß die äußeren Kanten von Blende und Kleidungsstück genau aufeinanderpassen. Die innere Kante wird, wie unten beschrieben, angenäht. Die äußere Kante der Blende wird zusammen mit den anderen Kanten des Kleidungsstückes eingefaßt.

Eine Blende als Verstärkung für Knöpfe oder sonstige Verschlüsse näht man in der Regel innen an. Wollen Sie sie zusätzlich als Verzierung außen annähen, lesen Sie oben nach. Wenn das Kleidungsstück mit Schrägband eingefaßt werden soll, legen Sie die Blende links auf links. Innere Kante $^1/_2$ cm einschlagen und feststeppen. Die äußere Kante der Blende wird mit den anderen Kanten des Kleidungsstückes zusammen eingefaßt.

Zuschneiden und Nähen einer Blende

Die Blende ist auf dem Schnittmuster eingezeichnet. Für eine Blende als Verzierung hilft Ihnen das Einzeichnen in den Schnitt, die Form zu beurteilen. Blendenschnitt abzeichnen und ausschneiden. Blende möglichst an einem Stück am Stoffbruch und in derselben Richtung (Fadenlauf) wie den Stoff des Kleidungsstückes zuschneiden. Nahtzugabe* nicht vergessen (Abb. 39a)! Die innere Kante der Blende mit Zickzack-Stichen* versäubern* (Abb. 39b). Stecken Sie die Blende mit Nadeln an der äußeren Kante fest. Soll *die Blende nach innen (links) gewendet* werden, wird sie rechts auf rechts festgesteckt. Soll *die Blende rechts aufgenäht* werden, wird sie rechts auf links angesteckt. Heften Sie, wenn Sie noch nicht so viel Übung haben. Ein eventueller Schlitz, z. B. am Hals, wird erst aufgeschnitten, wenn die Blende festgenäht ist. Blende festnähen. An gebogenen Kanten schneiden Sie kleine Zacken in die Nahtzugabe, damit die Naht nicht zieht, wenn die Blende gewendet wird. Eventuellen Schlitz aufschneiden. Legen Sie die Blende so auf die andere Seite des Stoffes um, daß die Nahtzugabe verdeckt ist. Heften Sie eventuell entlang der Kante; bügeln oder knappkantig* absteppen.

Bei einer nach links gewendeten Blende können Sie die innere Kante $^{1}/_{2}$ cm einschlagen und mit einer geraden Naht feststeppen. Sie können aber auch die äußere Nahtzugabe an der Blende feststeppen und die innere Kante lose lassen. Bei einer Blende, die rechts aufgenäht ist, schlagen Sie die innere Kante $^{1}/_{2}$ cm ein und nähen Sie mit einer geraden Naht oder mit dichten Zickzack-Stichen fest (siehe auch „Flache Applikation" S. 118).

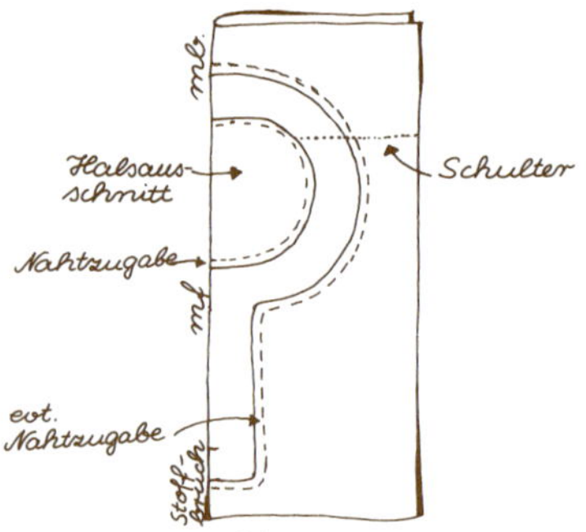

Abb. 39 a

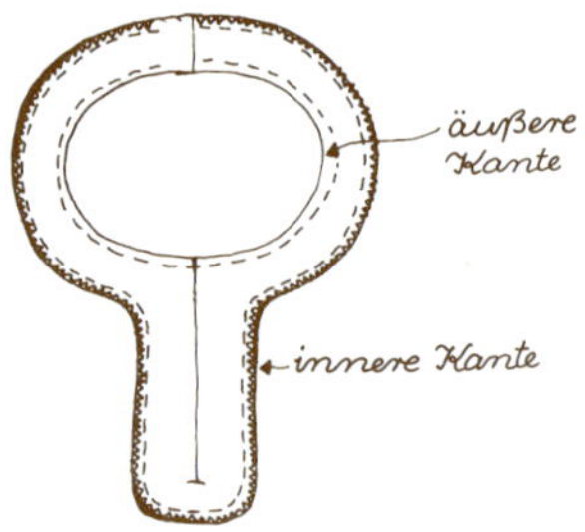

Abb. 39 b

Schlitzblende

Bestimmen Sie die Länge und Breite des Schlitzes nach Ihren Vorstellungen. Zwei Schlitzblenden aus doppeltem Stoff zuschneiden, Breite x 2 und Länge + 3 cm. Berechnen Sie rundum 1/2 cm Nahtzugabe*.
Markieren* Sie mit Kreide Länge und Breite des Schlitzes auf der linken Seite des Vorderteils, und schneiden Sie ihn 1/2 cm (Nahtzugabe) innerhalb des Striches (Abb. 40a) aus. Falten Sie die eine Blende (Übertritt*) rechts auf rechts und nähen Sie sie unten quer und 2 cm an der Seite hoch zusammen. Am Ende der Naht in die Nahtzugabe der Seite, die an das Vorderteil genäht wird, einen kleinen Zakken schneiden (Abb. 40b). Rechte Seite nach außen wenden. Nähen Sie auf jeder Seite der Schlitzöffnung eine Blende rechts auf rechts mit 1/2 cm Nahtzugabe an. Schneiden Sie am Boden des Schlitzes einen kleinen waagerechten Zacken in die Nahtzugabe des Vorderteils (Abb. 40c). Legen Sie die zweite Blende (Untertritt*) zur Hälfte um, so daß sie links auf links liegt. Nahtzugabe einschlagen und auf der linken Seite so heften, daß die Nahtzugaben verdeckt sind. Untertritt nach innen ziehen und mit einer Naht von rechts festnähen (Abb. 40d). Den Übertritt zur Hälfte zusammenlegen (links auf links), Nahtzugabe einschlagen und heften. Nähen Sie den Übertritt mit einer Naht von rechts fest und steppen Sie die Außenkante knappkantig* ab. Boden des Übertritts mit einem Kreuz am Boden des Schlitzes an das Vorderteil nähen (Abb. 40e). Knopflöcher* in den Übertritt arbeiten und am Untertritt Knöpfe annähen.

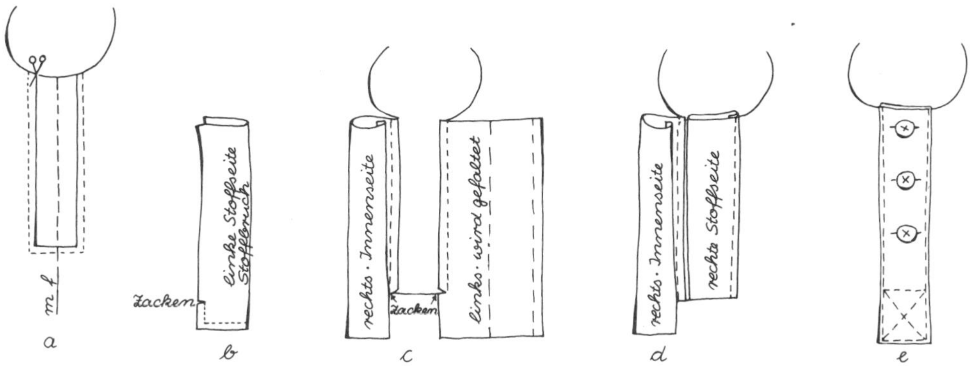

Abb. 40 a-e

Bund

Ein Bund ist ein fester Abschluß in der Taille, der bei Röcken und Hosen verwendet wird.

Berechnen Sie die Länge des Bundes nach der Taillenkante der Hosen und bestimmen Sie die Breite (siehe *Hose mit Bund,* S. 36, Punkt 8). Bund in Richtung des Fadenlaufs* zuschneiden: doppelte Breite und in der Länge 4 cm für den Untertritt* zugeben. 1 cm Nahtzugabe* rundum berechnen.

Ist der verwendete Stoff zu dünn für einen Bund, können Sie zur Versteifung ein Gurtband, Vlieseline oder ähnliches in der Breite des Bundes auf die linke Stoffseite des Bundinnenteils anbringen. Steppen Sie das Band an beiden Seiten fest bzw. bügeln Sie die Vlieseline auf, bevor Sie den Bund zusammennähen. Der Bund schließt, wie der Hosenschlitz, nach rechts (siehe S. 97). Markieren* Sie die vordere Mitte; vergessen Sie den Untertritt rechts nicht (Abb. 41a). Falten Sie den Bund rechts auf rechts der Länge nach, nähen Sie die Ecke des Untertritts bis auf 1 cm von der vorderen Mitte zusammen, und schneiden Sie einen kleinen Zacken in die Nahtzugabe (Abb. 41b). Nähen Sie das andere Ende des Bundes an der vorderen Mitte zusammen. Nahtzugabe geradeschneiden, Bund auf rechts wenden und bügeln. Die Außenseite des Bundes rechts auf rechts mit der Hose so zusamenstecken, daß vordere und rückwärtige Mitte beider Teile aufeinanderkommen, heften und annähen (Abb. 41c). Die Innenseite nach links umlegen, so einschlagen und bügeln, daß die Nahtzugabe verdeckt ist. Stecken und heften. Festnähen und von rechts knappkantig* absteppen. Nähen Sie ihn eventuell $^{1}/_{2}$ cm weiter innen an, oder nähen Sie ihn von links mit Schlingstichen* fest. Am Übertritt Knopfloch* arbeiten und Knopf an der Untertritt nähen (Abb. 41d).

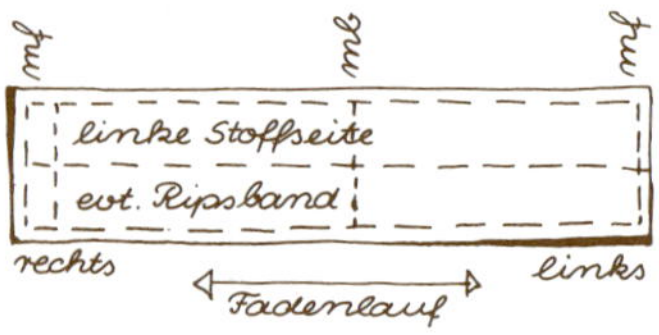

Abb. 41a

Abb. 41b

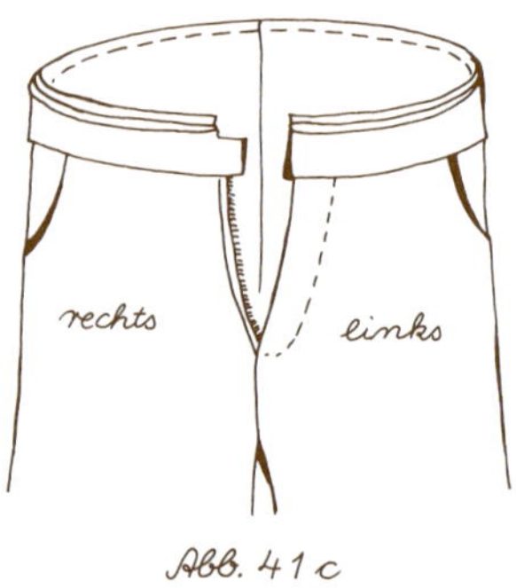

Abb. 41c

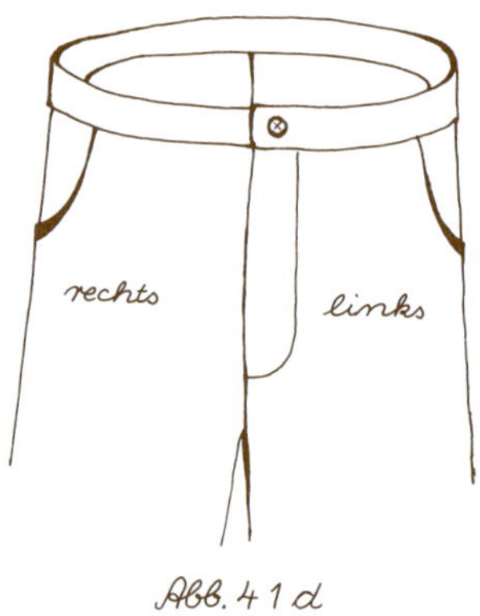

Abb. 41d

Gürtelschlaufen

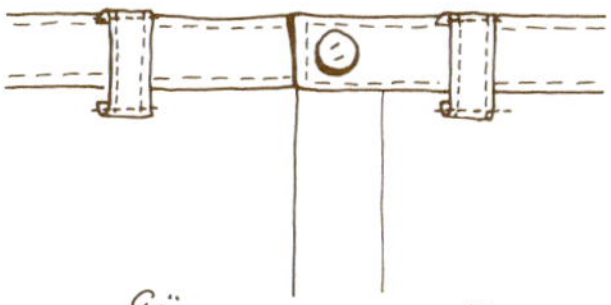

Gürtelschlaufen 3 cm lang und 5 cm breit zuschneiden. Falten und nähen wie bei der Schlaufe*, Abb. 27, gezeigt. Unten wie eine Schlaufe annähen, oben ca. 1/2 cm einschlagen und mit Zickzack-Stichen* an der Kante festnähen.

Manschetten

Eine Manschette verwendet man unten an Ärmeln und Hosenbeinen. Machen Sie zuerst einen Schlitz am Ärmel/Hosenbein. Bei Ärmeln können Sie den Schlitz dadurch entstehen lassen, daß Sie die letzten 6 cm der Naht offenlassen, oder Sie bringen den Schlitz 5 cm von der Seitennaht in der rückwärtigen Hälfte des Ärmels an.
Bei Hosen mit Seitennaht können Sie wieder 6 cm der Naht offenlassen. Bei Hosen ohne Seitennaht bringen Sie den Schlitz in der Seite an. Sie können den Schlitz mit Schrägband*/Schrägstreifen*, Blende* oder Schlitzblende* einfassen.

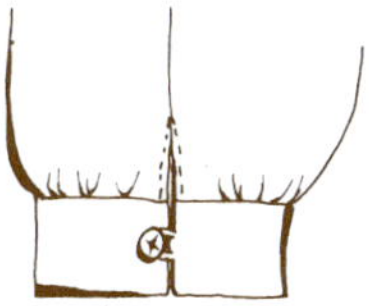
Abb. 42 a
offene Seitennaht
und Schlaufe

Manschette mit Schlaufe (Abb. 42a). Manschette in der Weite des Handgelenks/des Knöchels + 2 cm und in der gewünschten Breite + 2 cm zuschneiden. Berechnen Sie rundum noch 1 cm Nahtzugabe*. Einen Streifen Stoff für Schlaufe* falten und nähen. Manschette der Länge nach rechts auf rechts falten. Schlaufe zwischen die Lagen der einen Seitennaht legen. Nähen Sie beim Schließen der Seitennähte über der Schlaufe vor und zurück (Abb. 42b). Manschette auf rechts wenden und bügeln. Die untere Kante des Ärmels/Hosenbeins kräuseln* oder mit kleinen Falten* (z. B. drei auf jeder Seite des Schlitzes) auf die Breite der Manschette bringen. Außenkante der Manschette rechts auf rechts so am Hosenbein feststecken, daß die Schlaufe zum Körper hin zeigt; heften und annähen. Innenseite nach links umlegen und so einschlagen, daß die Nahtzugabe verdeckt ist. Feststecken und heften. Von rechts festnähen, eventuell rundum knappkantig* absteppen oder von links mit Schlingstichen* festnähen. Knopf annähen.

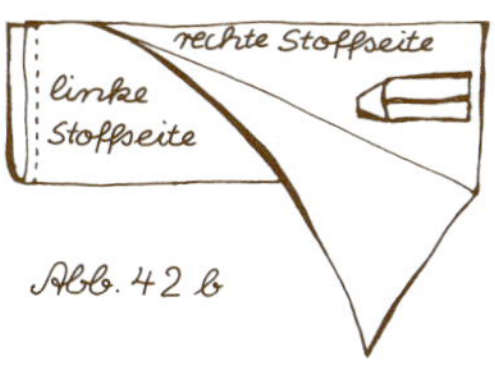

Abb. 42 b

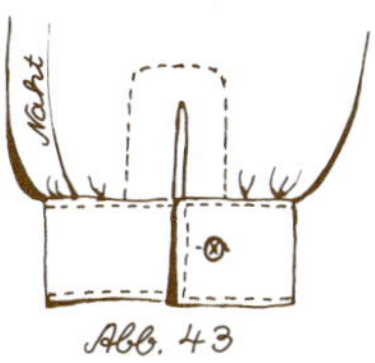

Abb. 43
offene Seitennaht
und Blende

Manschette mit Untertritt (Abb. 43). Manschette in der Weite des Handgelenks/des Knöchels + 2 cm und zusätzlich 3 cm für den Untertritt* und in der gewünschten Breite + 2 cm zuschneiden. Berechnen Sie rundum 1 cm Nahtzugabe*. Befolgen Sie den Arbeitsgang des Bundes (siehe S. 108). Die untere Kante des Ärmels/Hosenbeins kräuseln* oder mit kleinen Falten* (z. B. drei auf jeder Seite des Schlitzes) auf die Weite der Manschette bringen. Manschette annähen, daß sie zum Körper hin schließt.

Windfang

Einen Windfang verwendet man innen am Handgelenk und am Knöchel, damit Ärmel und Hosenbeine winddicht schließen.
Schneiden Sie zwei Stoffstücke zu, 3 cm breiter als der Ärmel und 15 cm lang. Stoff rechts auf rechts an der Seite mit 1 cm Nahtzugabe* zusammennähen. Naht auf ca. $^1/_2$ cm zurechtschneiden, die rechte Seite nach außen wenden und den Stoff an der Nahtlinie falten. Parallel zur Nahtlinie, in einem Abstand von ca. $^1/_2$ cm, so zusammennähen, daß die Schnittkante verdeckt ist. Untere Kante doppelt nach links einschlagen (insgesamt 2 cm) – es entsteht ein Tunnel – und feststeppen. Obere Kante nach rechts doppelt einschlagen (insgesamt 1 cm) und am Ärmel, ca. 12 cm von der Ärmelkante, festnähen. Haben Sie keine Freiarmmaschine, nähen Sie den Windfang am besten mit Schlingstichen* von Hand fest. Ziehen Sie ein Gummiband durch den Tunnel (siehe Vortext zur *Hose mit Gummizug*, S. 28).

Kragen

Stehkragen, mit Schrägband eingefaßt

Kragen auf doppeltem Stoff zuschneiden. Markieren* Sie an beiden Kragenteilen und am Rückenteil des Kleidungsstückes die Mitte. Legen Sie das äußere Kragenteil rechts auf rechts gegen das Rückenteil und das innere Kragenteil rechts auf links gegen das Rückenteil (bei gesteppten Jakken kommt noch eine halbe Lage Zwischenfutter auf das äußere Kragenteil). An den Vorderkanten und an der rückwärtigen Mitte feststecken. Schneiden Sie ein paar kleine Zacken, 2–3 mm tief, in die Nahtzugaben*. Sie erleichtern sich so das Zusammenstecken. Kragenteile feststecken; die Nadeln in einem Abstand von ca. 2 cm rechtwinklig zur Naht stecken. Heften und feststeppen (Abb. 44a). Kragen nach oben legen und an der unteren Kante einmal entlangnähen, damit die Nahtzugabe nicht verrutscht. Die äußere Kante des Kragens mit Zickzack-Stichen* zusammennähen. Sie wird mit den Vorderkanten der Jacke zusammen eingefaßt (Abb. 44b).

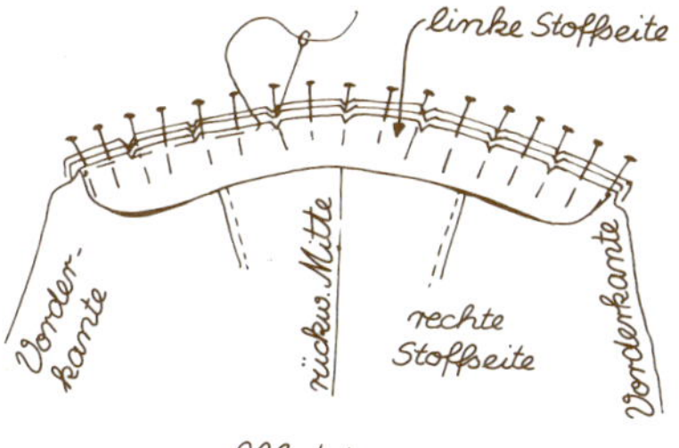

Abb. 44a

Abb. 44b

Normal gewendeter Kragen oder Stehkragen

Kragen/Stehkragen auf doppeltem Stoff zuschneiden. Mitte des Kragens und des Rückenteils markieren*. Beide Kragenteile an den äußeren Kanten rechts auf rechts zusammennähen. Die Halskante offenlassen. Den Kragen auf rechts wenden, die Kante heften und bügeln (Abb. 45a). Den unteren Kragen oder den äußeren Stehkragen auf der rechten Seite des Rückenteils an der rückwärtigen Mitte und an den Vorderkanten feststecken. Schneiden Sie einige kleine Zacken (2–3 mm tief) in die Nahtzugaben, um das Feststecken zu erleichtern, und befestigen Sie die Nadeln in einem Abstand von ca. 2 cm rechtwinklig zur Naht (Abb. 45b). Feststecken und heften. Schlagen Sie die Nahtzugabe des äußeren Kragens/des inneren Stehkragens so ein, daß die Nahtzugabe an der Halskante verdeckt ist, und bügeln sie. Feststecken und heften. Von links feststeppen; dabei wird der Kragen knappkantig* abgesteppt. Sie können ihn auch von Hand mit Schlingstichen* annähen. Stehkragen von rechts knappkantig absteppen (Abb. 45c).

Abb. 45a

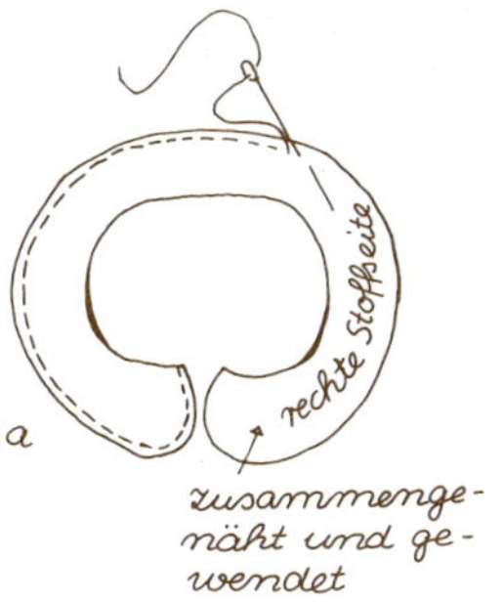

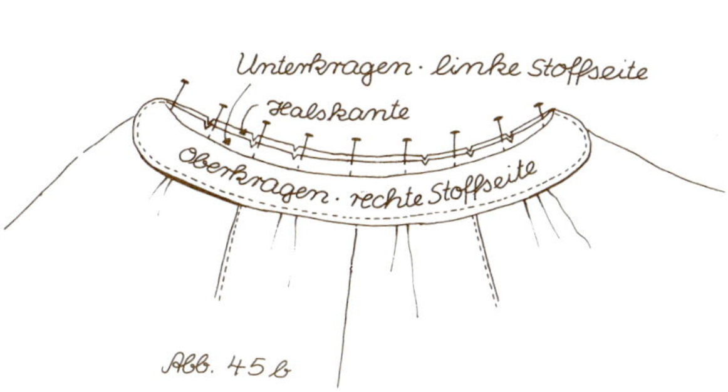

Abb. 45b

Abb. 45c

Hemdkragen

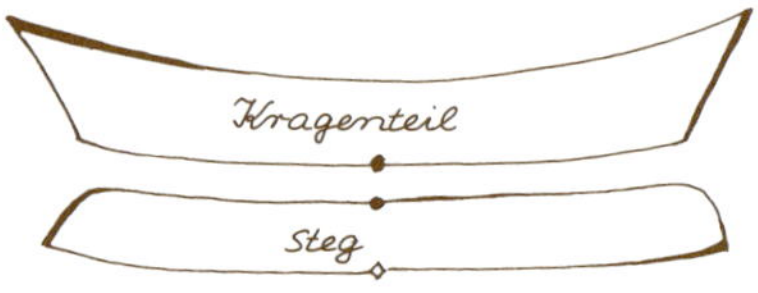

Abb. 46a

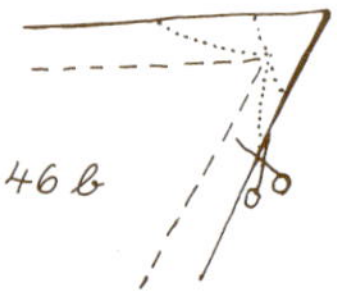

Abb. 46b

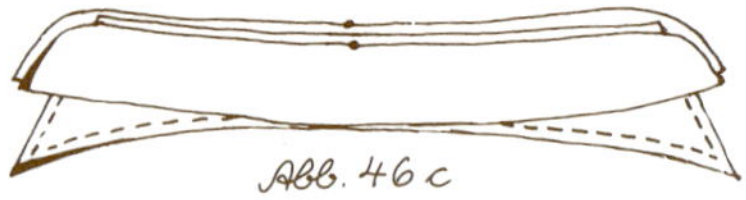

Abb. 46c

Schneiden Sie den Hemdkragen und den Steg auf doppeltem Stoff mit 1 cm Nahtzugabe* zu. Markieren* Sie an allen vier Teilen die rückwärtige Mitte (Abb. 46a). Ist der Stoff sehr dünn, können Sie Vlieseline* oder Steifleinen* auf die linke Seite eines Kragenteils und eines Stegs bügeln. Der Kragen bekommt dadurch mehr „Halt": Nähen Sie die beiden Kragenteile an den Kanten rechts auf rechts zusammen; die Halskante offenlassen. An den Ecken die Nahtzugabe zurechtschneiden (Abb. 46b), Kragen auf rechts wenden, die Kante heften und knappkantig* absteppen. Legen Sie jeweils ein Stegteil rechts auf rechts so auf jede Seite des Kragens, daß die Markierungen für die rückwärtige Mitte aufeinanderpassen (Abb. 46c). Steppen Sie alle Teile zusammen. Legen Sie den Steg nach unten um und nähen Sie ihn an der Halskante wie einen *normal gewendeten Stehkragen** fest. Knappkantig absteppen (Abb. 46d).
Man kann einen Hemdkragen auch mit runden statt mit geraden Kragenteilen nähen. Kombinieren Sie einfach die beiden Schnitte.

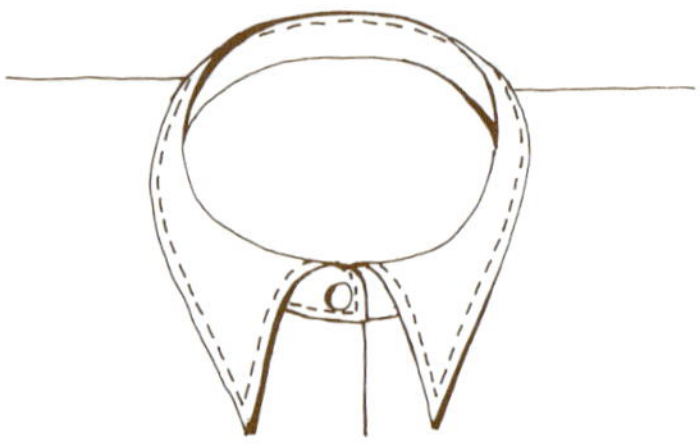

Abb. 46d

Falten und Biesen

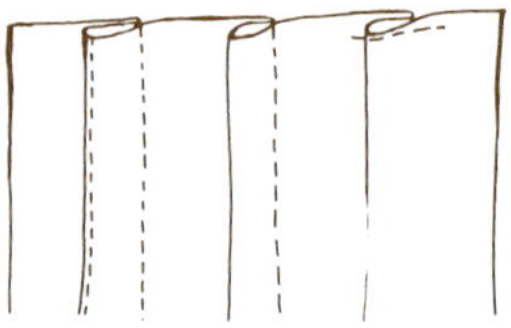

Abb. 47a

Falten und Biesen verwendet man zur Verzierung oder um dem Kleidungsstück mehr Weite zu geben.
Eine Falte stellt man her, indem man den Stoff zusammenlegt und eventuell mit einer oder zwei Nähten absteppt. So kann die Falte nicht verrutschen (Abb. 47a).

Einfache Falten: Überlegen Sie sich, wie breit Sie die Falten haben wollen, wie viele Sie machen möchten und in welchem Abstand Sie sie anbringen wollen. Soll die Falte z. B. 2 cm breit sein, berechnen Sie 4 cm Stoff, da der Stoff doppelt gelegt werden muß.
Sollen die Falten etwas übereinanderstehen, wird ein etwas kleinerer Zwischenraum als die Breite der Falte berechnet (Abb. 47b). Soll zwischen den Falten ein Zwi-

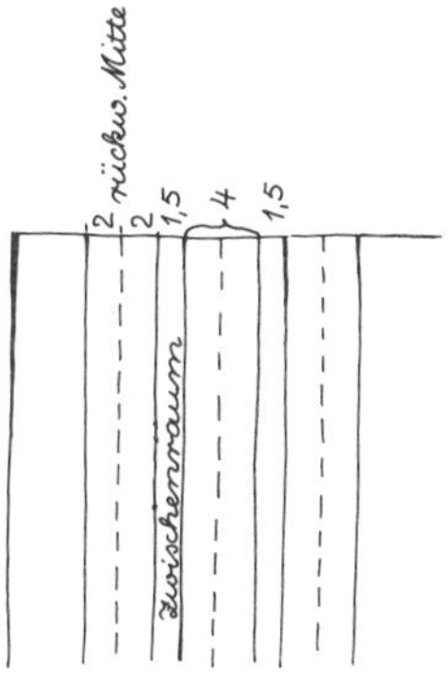

die Falten ragen
1/2 cm übereinander

Abb. 47 b

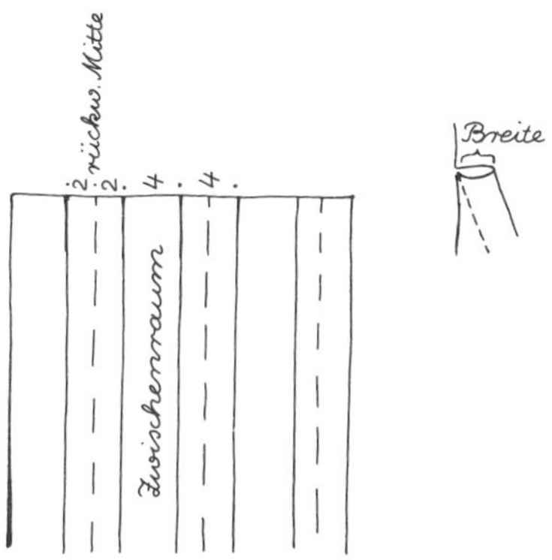

die Falten haben 2 cm
Zwischenraum

Abb. 47 c

schenraum sein, rechnen Sie zum gewünschten Zwischenraum die Breite der Falte dazu (Abb. 47c). Wenn alle Falten direkt aneinanderstoßen sollen, wird der Zwischenraum in der gleichen Größe wie die Breite der Falte berechnet. Nun die zusätzlich erforderliche Weite oder Länge berechnen und das Schnittmuster entsprechend aufzeichnen. Das Kleidungsstück zuschneiden. Markieren* Sie die Mitte der Falten mit Heftfaden, oder ritzen Sie mit einer Nadel auf der linken Seite des Stoffes die Mitte. Sie können den Stoff auch gleich falten und bügeln, möglichst in Richtung des Fadenlaufs*, senkrecht oder waagerecht. Falten Sie genau auf der Markierung. Zeichnen Sie eventuell die Nahtlinie der Falte mit Kreide nach; nun nähen.
Durch waagerechte Falten in Ärmel und Hosenbeine paßt ein Kleidungsstück auch über längere Zeiträume: Ist das Kind gewachsen, wird nach und nach eine Falte aufgetrennt.

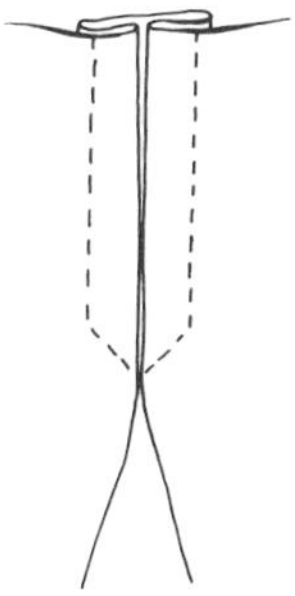

Abb. 48 a

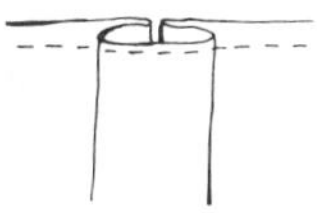

Abb. 48 b

Kellerfalten (Abb. 48a) kann man, wie beim *Hemd* (S. 6, Punkt 3) absteppen, oder falten und durch eine waagerechte Naht vor dem Verrutschen sichern (Abb. 48b).

Biesen sind extrem schmale Falten, ca. 1/4 cm breit. Berechnen Sie zwischen den einzelnen Biesen 1 cm Abstand. Markieren* und nähen Sie sie wie *einfache Falten**.

Verzierung

Sie können sich von vielen Dingen inspirieren lassen. Wenn es Ihnen anfangs schwerfällt und Sie nicht gewohnt sind, Kleidungsstücke zu verzieren, beginnen Sie vielleicht am besten damit, mit bunten Bändern zu dekorieren. Dies geht sehr einfach und Sie bekommen dann sicher bald Lust und Mut, mit anderen Möglichkeiten weiterzumachen. Sie brauchen auch keine Angst davor zu haben, Dinge zu kopieren: Sie können der Verzierung während der Arbeit und durch die Wahl der Materialien leicht Ihre persönliche Note geben.
Es lohnt sich, erst ein paar Zeichnungen anzufertigen, um die eigenen Ideen zu entfalten.

Techniken und Materialien für Verzierungen

Wollen Sie zwei Hosenbeine gleich verzieren, können Sie auf der rechten Seite des einen Beines mit Tafelkreide den gewünschten Stand der Ziernähte oder Bänder markieren*. Legen Sie das markierte Hosenbein rechts auf rechts auf das andere, und „klopfen" Sie den Kreidestaub vorsichtig auf das andere Bein. So entstehen durch den Kreidestaub hier genau dieselben Markierungen. Zeichnen Sie dann mit Schneiderkreide nach.

Applikationen (S. 117)

Spitzen, Festons, Stickereien für Tischdecken u. ä. kann man in Stoffgeschäften vom Meter kaufen. Sie können auch gebrauchte Dinge verwenden.

Samtbänder gibt es in vielen Breiten.

Handstickerei

Stoßband braucht man normalerweise beim Umnähen von Hosen. Es ist ein fischgratgewebtes Band mit festen Kanten.

Litzen: Band mit einer Rille in der Mitte, wird in der Rille festgesteppt.

Falten und Biesen (S. 112)

Patchwork (S. 120)

Ziernähte werden als normale gerade Nähte auf der rechten Seite des Stoffes – eventuell mit einem farblich abweichenden Faden – genäht. Sie können an einer Kante entlang nähen oder auch ein Muster gestalten. Verwenden Sie eventuell die Breite des Steppfußes als Zwischenraum (siehe *Ziersteppererei mit Ziernähten**). Für einfache Nähte verwenden Sie Knopflochgarn oder einen anderen festen Faden. Dadurch wird die Naht hervorgehoben.

Ziersteppererei (S. 121)

Ripsbänder: Quergerippte Bänder, die man meist als Gurtband im Bund verwendet.

Straß, Pailletten, Sterne und andere Kleinigkeiten werden angeheftet oder angenäht.

Satinschrägband wird wie normales Schrägband* verwendet.

Seidenbänder: Kaufen Sie eine gute Qualität, damit die Farbe in der Wäsche nicht verlorengeht.

Zickzack-Litzen sind wellenförmige Bänder. Nähen Sie sie mit breiten Zickzack-Stichen* auf, damit sie in der Wäsche nicht kraus werden.

Zickzack-Nähte in verschiedener Breite. Legen Sie ein Stück Schreibpapier unter den Stoff, wenn Sie mit dichten Stichen nähen, damit sich der Stoff nicht wellt. Sie können auch über einen Baumwollfaden nähen. Dadurch wird die Naht etwas erhaben. Zickzack-Nähte eignen sich auch gut, um verschiedene Bänder anzunähen.

Schrägband, in ganzer Breite oder gefaltet, kann man leicht in weichen Bögen auf den Stoff nähen. Zeichnen Sie erst mit Kreide auf, wo das Band hinkommt. Wollen Sie das Band *gefaltet* aufnähen, legen Sie es in ganzer Breite rechts auf rechts so auf den Stoff, daß die rechte Hälfte dort liegt, wo später das gefaltete Band sitzen soll. Steppen Sie das Band ein wenig rechts der Mitte fest. Legen Sie die

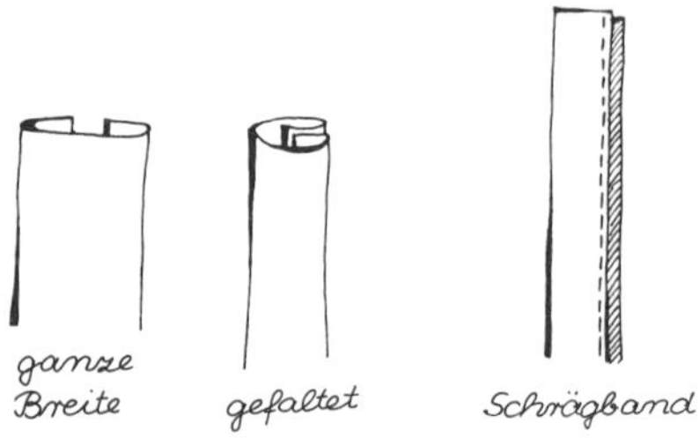

linke Seite, die etwas breiter ist, auf die rechte, die dadurch verdeckt wird, und steppen Sie entlang der Kante des Bandes. *In ganzer Breite* wird das Band mit je einer Naht an jeder Seite festgenäht. Wollen Sie etwas mit *zwei Schrägbändern* verschiedener Farbe einfassen*, falten Sie das innere Band der Länge nach links auf links. Legen Sie es mit der rechten Seite nach oben so unter die linke Seite des äußeren Bandes, daß die Kante 2 mm hervorragt. Heften Sie die Bänder an der Kante zusammen. Das innere Band wird zusammen mit dem äußeren, das mit zwei Nähten angenäht wird, festgesteppt (siehe auch S. 94).

Smoken können Sie mit elastischen Nähten auf der Nähmaschine nähen (S. 94).

Nähte mit Doppelsteppfuß: Sie brauchen zwei Garnrollen. Die Nadel näht zwei parallele Nähte mit einem Zwischenraum von 2–3 mm. In der Mitte entsteht eine schwache Erhöhung. Man kann so alle möglichen Formen nähen.

Stoffstreifen werden mit Zickzack-Stichen angenäht oder an den Kanten eingeschlagen und mit einer geraden Naht festgenäht.

Applikationen

Wenn Sie zum ersten Mal Applikationen machen, sollten Sie gut darauf achten, welche Stoffe Sie verwenden. Sehr dünne Stoffe z. B. tragen sich viel zu schnell ab, wenn man sie auf Oberbekleidung, die ja meistens sehr strapaziert wird, näht. Auf dünnem Baumwollstoff wirft ein schwerer Velour Falten oder verzieht den Stoff, wenn Sie größere Stücke davon verwenden.
Die meisten festen oder mittelfesten Baumwollstoffe eignen sich für Applikationen sowohl als Grundstoff als auch zum Aufnähen. Velour hingegen verlangt große Genauigkeit, da die Stofflagen wegen des Flors leicht verrutschen. Je höher der Flor ist, desto schwerer läßt sich der Stoff verarbeiten. Machen Sie daher zuerst eine kleine Probe.
Es ist vorteilhaft, ein Stück Schreibmaschinenpapier zwischen Stoff und Stichplatte zu legen, wenn Sie mit der Maschine Applikationen aufnähen. Sie vermeiden dadurch, daß die Zickzack-Naht den Stoff zusammenzieht oder zum Wellen bringt. Man kann es nach dem Nähen leicht abreißen.
Wollen Sie auf einem wattierten Kleidungsstück Applikationen anbringen, nähen Sie am besten durch alle Lagen; so bekommen Sie den besten Halt. Zugleich erzielen Sie eine leicht erhabene Wirkung. Da man am besten auf einem glatten Stück Stoff arbeiten kann, sollten Sie möglichst Ihre Applikationen aufnähen, bevor Sie das Kleidungsstück zusammennähen.
Es kann von Vorteil sein, einen Stopfrahmen (Stickrahmen) (Abb. 49) – eventuell zusammen mit Papier – zu verwenden. Er besteht aus zwei Ringen, zwischen denen der Stoff so eingespannt wird, daß er ganz glatt und straff ist. Die übliche Größe hat einen Innendurchmesser von ca. 17 cm. Dies entspricht in etwa dem Abstand zwischen Steppfuß und Nähmaschinenkörper. Bei großen Applikationen müssen Sie den Rahmen nach und nach versetzen. Mit einem größeren Rahmen zu arbeiten, ist sehr schwierig.

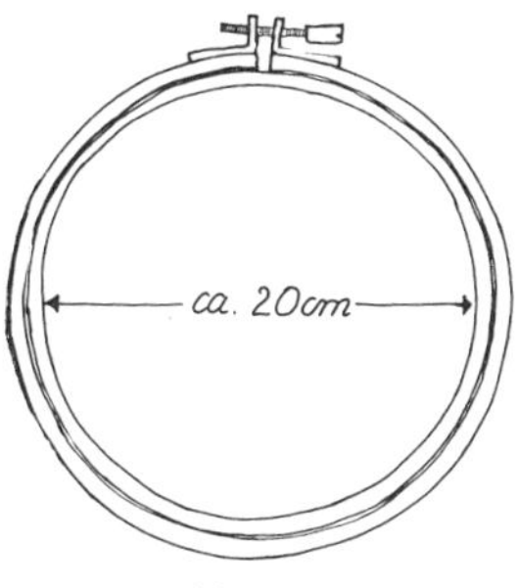

Abb. 49

Flache Applikation

Schneiden Sie das Motiv direkt aus (Nahtzugabe* nicht vergessen) oder zeichnen Sie es erst mit Bleistift oder Kreide auf dem Stoff vor. Wenn Sie Vlieseline*, die etwas leichter zu verarbeiten ist, aber ein etwas steiferes Ergebnis bringt, oder Vliesofix* verwenden wollen, zeichnen Sie das Motiv auf die Rückseite dieser Stoffe. Bügeln Sie die Vlieseline auf die Rückseite des Stoffes. Dieser sollte etwas größer sein als die Vlieseline, damit kein Klebstoff auf das Bügeleisen gelangt.
Schneiden Sie das Motiv aus, und stecken Sie es am Kleidungsstück fest. Motiv mit dichten schmalen Zickzack-Stichen* festnähen. Wenn Sie Vliesofix verwenden, heften Sie das Motiv fest und ziehen dann die Papierschicht ab. Das Motiv wird nun durch Bügeln festgeklebt.
Nähen Sie die Applikation mit dichten, breiten Zickzack-Stichen auf oder, falls Sie von Hand nähen, mit Knopflochstichen* (Abb. 50).

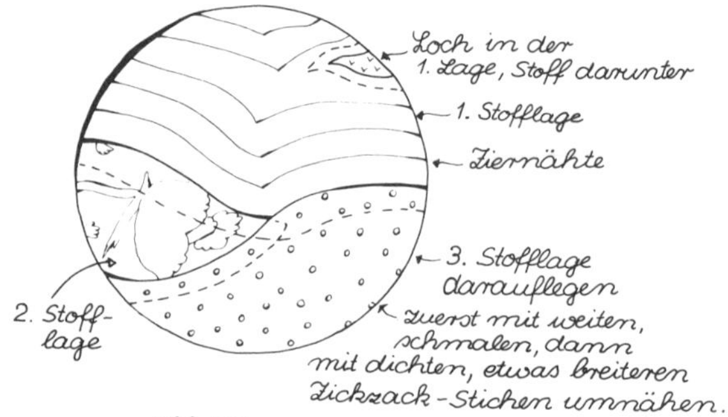

Abb. 50

Erhabene Applikation

Soll das Motiv erhaben sein, zeichnen Sie es auf Stoff. Nähen Sie es dann in der gezeichneten Linie mit kleinen Stichen auf eine Lage Steppwatte. Motiv nun so dicht wie möglich an der Naht ausschneiden (Abb. 51a und b). Anschließend das Motiv auf dem Kleidungsstück feststekken und heften. Wollen Sie das Motiv noch erhabener, können Sie eine weitere Füllung dazwischenlegen, bevor Sie feststecken und heften. Wenn Sie einige Ziernähte auf das Motiv nähen, entsteht ein „Waffelmuster". Mit dichten Zickzack-Stichen* oder, falls Sie von Hand nähen, Knopflochstichen* festnähen.

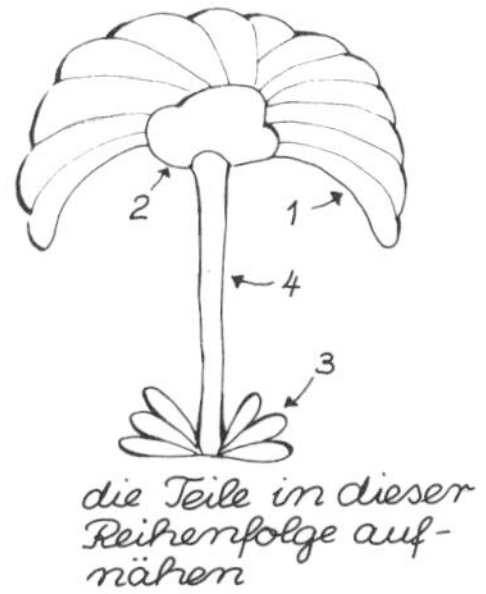

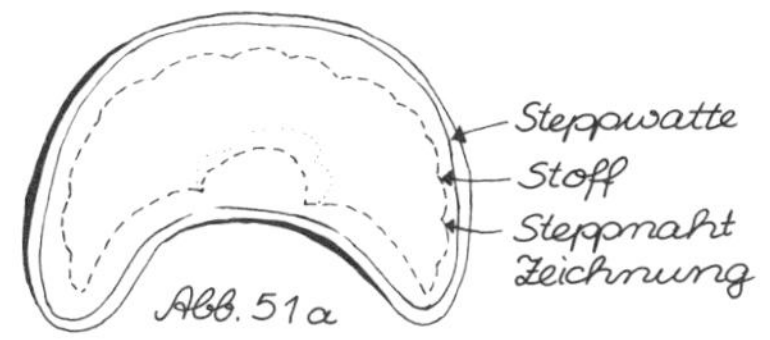

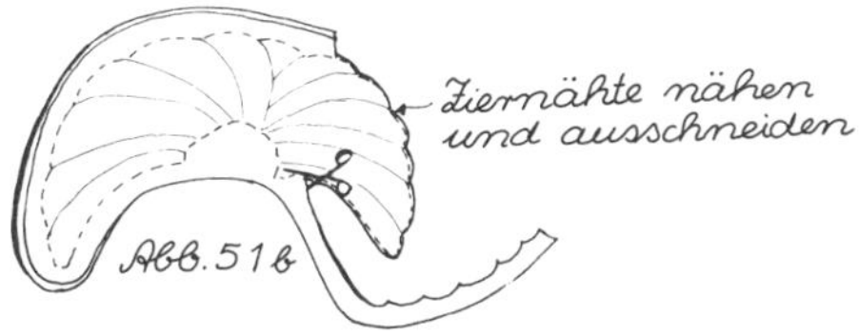

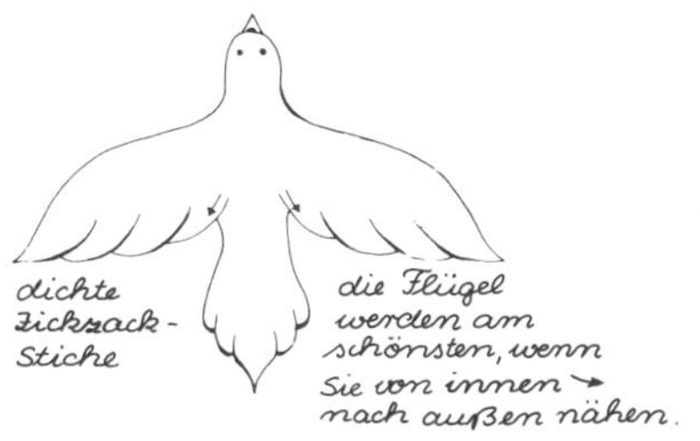

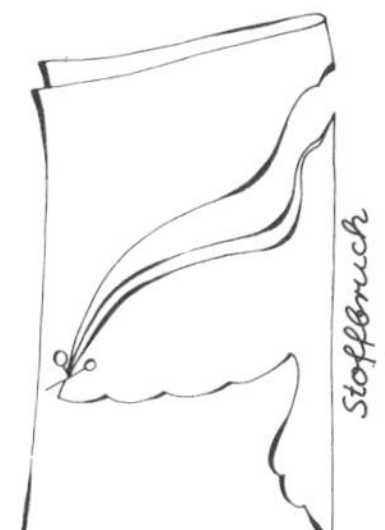

Patchwork

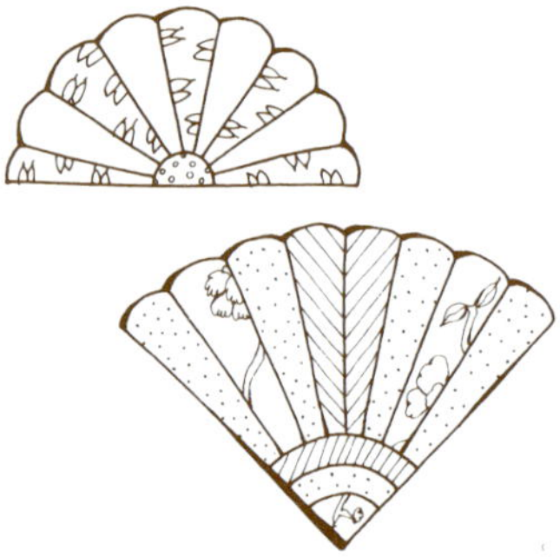

Sie können es sich aussuchen, ob Sie Stoffe in vielen verschiedenen Farben verwenden wollen oder ob Sie sich mit wenigen oder nur einer Farbe in verschiedenen Nuancen begnügen wollen. Verwenden Sie nur gemusterte Stoffe, wirkt das Ergebnis leicht etwas unruhig. Mischen Sie hingegen einfarbige Stoffe, erzielen Sie in der Regel eine ruhigere Wirkung.
Wählen Sie Stoffe von annähernd derselben Qualität, damit sie alle die gleiche Wäsche vertragen. Wenn Sie neue und gebrauchte Stoffe zusammen verwenden, sollten Sie die neuen zuerst waschen. Dadurch verzieht sich das Kleidungsstück nicht bei der ersten Wäsche, weil die Stoffe ungleichmäßig einlaufen. Möchten Sie Patchworkärmel oder eine ganze Hose aus Patchwork nähen, ist es einfacher, wenn Sie ein ganzes Stück Stoff, das etwas größer als das Schnittmuster ist, nähen.

Patchwork in Streifen, Vierecken, Dreiecken etc.

Machen Sie eventuell eine Pappschablone (mit Nahtzugabe*), und zeichnen Sie danach das Muster auf die Stoffe. Vierecke und Dreiecke näht man am besten zuerst zu Streifen zusammen. Nahtzugabe auseinanderbügeln, dann Streifen zu einem Stück Stoff zusammennähen. Nahtzugabe auseinanderbügeln.
Soll das Kleidungsstück nicht gefüttert werden, alle Nähte mit Zickzack-Stichen* versäubern* oder die Nahtzugaben feststeppen*.

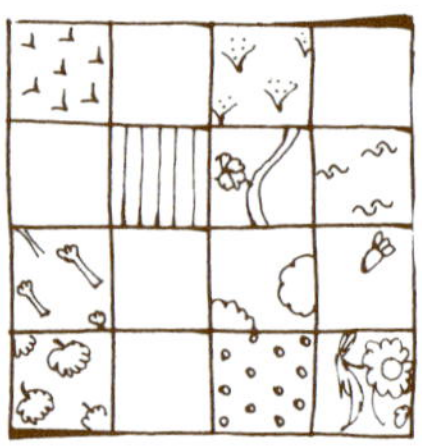

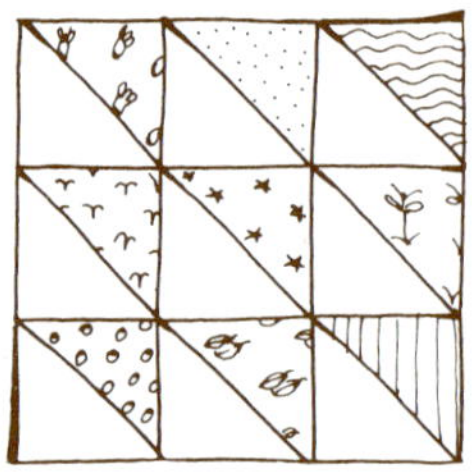

Patchworkkanten

Schneiden Sie gerade, ca. 5 cm breite Streifen. Diese in Stufen, die einen Winkel von 45° bilden (Abb. 52), zusammennähen; Nahtzugabe* 1 cm und nicht zu große Stiche verwenden. Nahtzugabe auseinanderbügeln und Schrägstreifen, 3–4 cm breit, zuschneiden (siehe S. 94). Annähen, wie unter Schrägband mit zwei Nähten (S. 94) beschrieben.

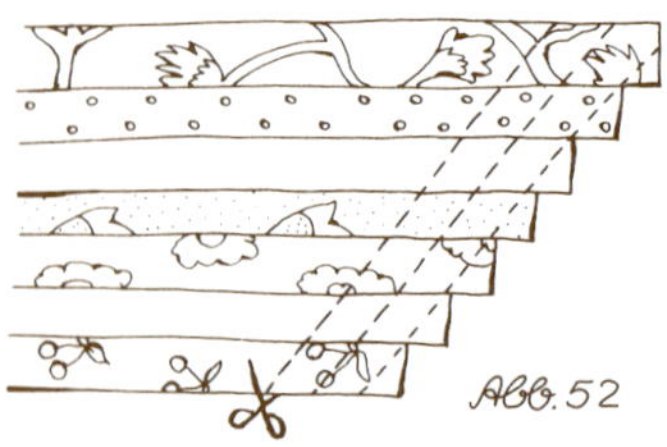

Abb. 52

Ziersteppperei

Für eine Ziersteppperei verwenden Sie am besten drei Lagen Stoff: Außenstoff, Zwischenfutter und Futter. Für leichte Bekleidung können Sie das Zwischenfutter weglassen. Wenn Sie Steppwatte als Zwischenfutter verwenden, zieht sich der Stoff durch die Stepperei 5–8 % zusammen. Ist die Ziersteppperei senkrecht, bedeutet dies nichts für die Bewegungsfreiheit, da der Stoff entsprechend nachgibt. Bei einer waagerechten Stepperei müssen Sie etwas Stoff zugeben, da das Kleidungsstück sonst zu kurz wird. Machen Sie die Ziersteppperei in Kästchen, zieht der Stoff sich nicht zusammen.

Außenstoff

Als Außenstoff können Sie fast alle Stoffe verwenden, die einigermaßen dicht gewebt sind. Jedoch soll erwähnt werden, daß fester Velour sich schwer verarbeiten läßt, da er leicht Falten wirft.

Zwischenfutter

Geeignet sind hierfür synthetische Steppwatte, Watteline, selbstgesponnene Wolle oder dicker weicher Stoff. Baumwollwatte ist für Kinderkleidung nicht geeignet, da sie in der Wäsche klumpig wird und deshalb nur gereinigt werden kann.

Futter

Normaler Baumwollstoff, Inlett oder Flanell sind wohl die geeignetsten Stoffe für ein Futter.

Steppstoffe, wattierte Stoffe

Man kann verschiedene Arten wattierter Stoffe kaufen, die alle für Kinderkleidung geeignet sind: Außenstoff mit gestepptem Zwischenfutter, Zwischenfutter mit gestepptem Futter oder Außenstoff mit Zwischenfutter und Futter.

Zierstepperei mit wattierter Baumwolle oder Nylon als Futter

Der wattierte Stoff wird mit Nahtzugabe* nach dem Schnittmuster zugeschnitten. Dann wird der Außenstoff zugeschnitten, an allen Seiten 2–3 cm größer. Die Lagen werden links auf links aufeinandergelegt und gut geglättet. Stecken Sie sie mit Nadeln fest, oder heften Sie sie mit großen schrägen Stichen, damit die Lagen nicht verrutschen (Abb. 53a). Nähen Sie mit den langen Stichen in den Steppnähten des Futters. Achten Sie darauf, daß die Lagen ganz glatt aufeinanderliegen, damit sich keine Falten bilden. Zum Schluß das Futter an den Kanten mit Zickzack-Stichen* festnähen und den überschüssigen Außenstoff abschneiden.

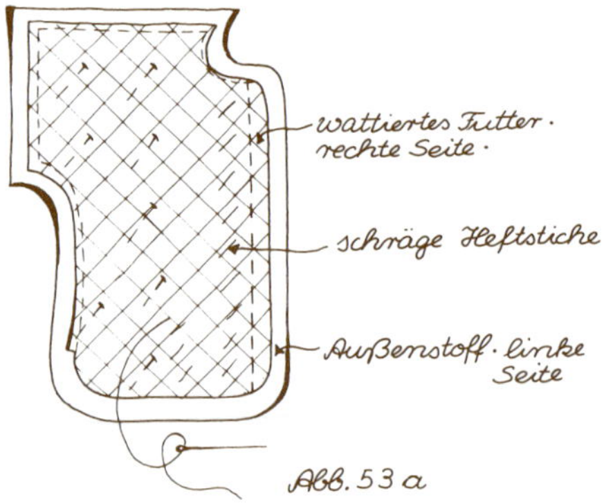

Abb. 53 a

Zierstepperei mit oder ohne Zwischenfutter

Schneiden Sie den Außenstoff mit Nahtzugabe* nach dem Schnittmuster zu. Das Zwischenfutter und Futter an allen Seiten 3 cm größer als den Außenstoff zuschneiden. Futter mit der linken Seite nach oben hinlegen, Zwischenfutter darauflegen (kann weggelassen werden), darauf dann den Außenstoff mit der rechten Seite nach oben legen. Alle Lagen müssen gut geglättet werden, damit sich keine Falten bilden. Mit Nadeln zusammenstecken (Stoff muß ganz glatt liegen!) und mit großen schrägen Stichen heften, damit die Lagen nicht verrutschen (Abb. 53b).

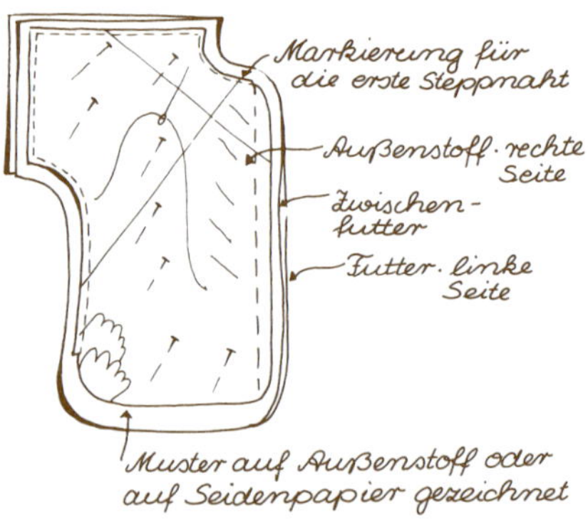

Abb. 53 b

Wenn Sie das Teil mit Stepperei versehen haben, den Außenstoff mit Zickzack-Stichen* an den Außenkanten festnähen und überragendes Futter und Zwischenfutter abschneiden.

Zierstepperei in Streifen und Kästchen

Wollen Sie kleine Teile in Streifen absteppen, beginnen Sie an der rechten Seite. Bei größeren Teilen oder bei Teilen, die eine genaue Mittellinie benötigen, wird mit der Stepperei an der Mittellinie begonnen. Von hier aus steppen Sie die rechte Seite. Nähen Sie alle Nähte von oben nach unten. Dann drehen Sie das Teil und steppen die andere Seite ebenfalls von der Mitte aus. Bei Kästchen beginnen Sie in der rechten Ecke mit dem Absteppen. Verwenden Sie den für Stepperei vorgesehenen Fuß Ihrer Nähmaschine (mit Lineal; Abb. 53c). Sie brauchen dann für Streifen nur die erste Linie mit Schneiderkreide aufzuzeichnen und für Kästchen nur eine Linie in jeder Richtung. Das Lineal wird nach der Breite der Streifen eingestellt. Der Stoff wird dann mit dem großen Zwischenraum abgesteppt. Die schmalen Zwischenräume können Sie eventuell mit normalem Steppfußabstand nähen. Haben Sie keinen Nähmaschinenfuß mit Lineal, können Sie die Streifen mit Lineal und Schneiderkreide vorzeichnen. Wenn Sie die Linien zeichnen, achten Sie darauf, daß sie parallel verlaufen und die Längsstriche dem Fadenlauf* folgen.

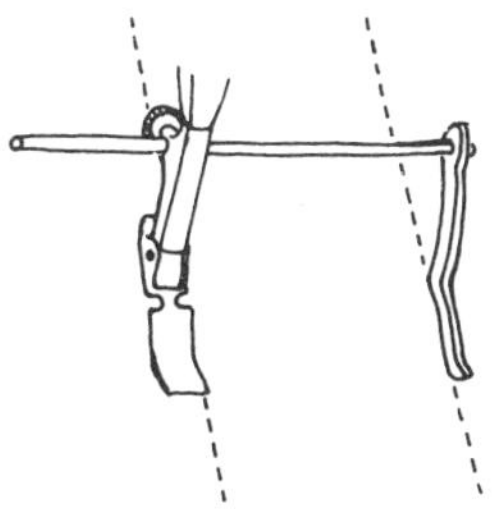

Abb. 53 c

Zierstepperei mit Ziernähten

Statt der gesteppten Streifen oder Kästchen können Sie sich damit begnügen, einige Ziernähte zu nähen (z. B. an den Kanten). Sie können aber auch die Applikationen einfassen oder Bögen nähen. Zeichnen Sie eventuell vorher die Ziernähte mit Schneiderkreide auf den Stoff. Als Zwischenraum können Sie auch hier die Breite des Steppfußes benutzen; versetzen Sie eventuell die Nadel nach rechts oder links (Abb. 53d).

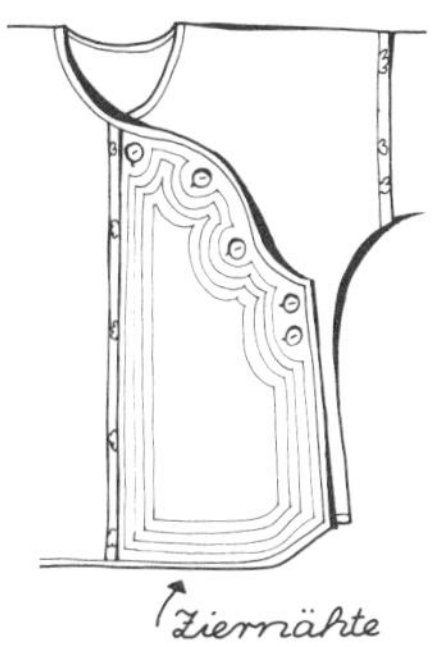

Abb. 53 d

Stepperei nach Motiv oder Muster

Sie können das Motiv/Muster entweder mit Schneiderkreide auf den Stoff oder auf Seidenpapier zeichnen. Das Papier wird mit Nadeln auf den Stoff gesteckt; in den gezeichneten Nähten nähen, dann das Papier abreißen.
Sie können auch das Muster direkt auf den Stoff nähen, eventuell nach einer zuvor angefertigten Zeichnung.
Für ein begrenztes Motiv ist es von Vorteil, einen Stepprahmen* zu verwenden. Spannen Sie die Lagen mit dem aufgezeichneten Motiv in dem Rahmen ein. Verwenden Sie einen möglichst kleinen Steppfuß, damit Sie Ihre Arbeit besser sehen können. Nähen Sie mit einer Stichlänge von 1,5–2 mm. Sie können auch ganz ohne Steppfuß nähen; dadurch haben Sie mehr Möglichkeiten für die Gestaltung der Verzierung. Allerdings erfordert dies auch viel Übung, bis das Ergebnis ansehnlich wird. Verwenden Sie dabei eine Stichlänge von 0,8–1 mm. Während der ganzen Arbeit führen Sie den Rahmen mit beiden Händen langsam und gleichmäßig; folgen Sie mit der Nadel der Zeichnung. Sie können auch das Motiv direkt auf den Stoff nähen, ohne es vorher aufzuzeichnen (Abb. 53e).

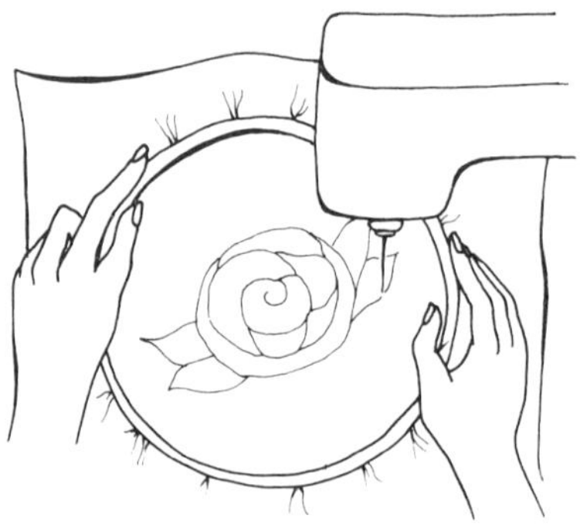

Abb. 53 e

Stichwortverzeichnis

Schnittmusterbogen

Anwendung der Schnittmusterbogen

Bei jeder Arbeitsanleitung finden Sie eine Zeichnung, aus der Sie ersehen können, welche Schnittmusterteile Sie brauchen und wie diese am besten auf den Stoff gelegt werden. Über der Zeichnung stehen ein Buchstabe und der Name des Grundschnittes, den Sie benutzen müssen (Jacke, Bluse oder Hose). Suchen Sie auf dem Schnittmusterbogen der richtigen Größe diesen Grundschnitt. Folgen Sie dann dem Buchstaben rundum. Bei Hosen beginnen Sie in der Taille bei vorderer Mitte; bei Blusen und Jakken beginnen Sie an der Halskante des Vorderteils, folgen der vorderen Mitte und dann rundum. Schauen Sie auf der Zeichnung nach, welche Musterteile Sie benötigen. Die Musterteile des Vorder- und Rückenteils machen mit wenigen Ausnahmen jeweils ein Viertel des Gesamtumfangs aus. Sie werden öfter mehrmals in derselben Linie entlangzeichnen müssen, um alle Musterteile vollständig zu erhalten (z. B. für Vorder- und Rückenteile und für Blenden). Wenn bei Ärmeln auf dem Schnittmusterbogen „Stoffbruch“ steht, schneiden Sie den Papierschnitt auch mit einem Bruch, damit Sie den Ärmelschnitt in voller Breite erhalten.

Jetzt erst alle Musterteile aufzeichnen: Legen Sie Seidenpapier, durch das Sie schwach hindurchsehen können, auf den Bogen und zeichnen Sie jedes Musterteil getrennt nach. Markieren Sie Fadenlauf, Stoffbruch, vordere Mitte, rückwärtige Mitte, eventuelle Taschen, Aufschläge etc. Sie nutzen das Papier am besten, wenn Sie die geraden Linien an die Kante legen.

5 Jahre

Körpergröße 110 cm
Bluse · Jacke · Hosengrundschnitt · Kapuze · Kragen

7 Jahre

Körpergröße 122 cm
Bluse · Jacke · Hosengrundschnitt · Taschen in verschiedenen Größen · Kapuzen · Kragen

9 Jahre

Körpergröße 134 cm
Bluse · Jacke · Hosengrundschnitt · Schuhe · Fäustlinge in allen Größen · Kapuzen · Kragen

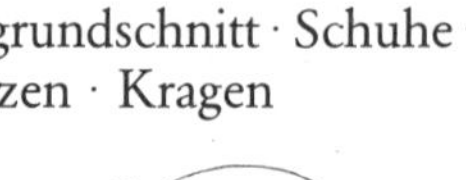

11 Jahre

Körpergröße 146 cm
Bluse · Jacke · Hosengrundschnitt · Sommerhut · Regenhut · Schirmmütze in allen Größen · Kapuzen · Kragen